新课标国学美绘新读

亲近国学经典　　感受古典精神

胡元斌 郭艳红 ◎编著

千字文新读

阅读国学经典，可以培养良好的道德品质
提升儒雅、敦厚、睿智的气质

中国书籍出版社
China Book Press

序 言

泱泱中华五千载，悠悠国学民族魂。中华国学"为天地立心，为生民立命，为往圣继绝学，为万世开太平"的圣贤精神，是中华民族几千年来生生不息的根本，是华夏儿女的文化基因和精神支柱。

国学是中华民族增进团结的精神纽带，是炎黄子孙的心灵火炬，我们要世代相传并不断发扬光大。

国学经典是中华民族五千年的文化精髓，其中蕴含着丰富而深刻的人生智慧和处世哲理，经过千百年的历史洗礼和实践检验，仍然是今天广大青少年学习成长的有益的精神食粮。青少年阅读国学经典，能够秉承国学仁义精神，养成谦和待人、谨慎待己、勤学好问等优良品行，成为内外兼修的阳光少年和未来精英。

青少年阅读国学经典，如同师从贤哲，在人生的第一步就站在了先贤们的肩膀之上，能在高起点上开始人生的起跑。阅读圣贤之书，与圣贤为伍，可以使精神达到高尚的境界。

为此，我们特别编辑了这套国学作品新读丛书，根据新课标要求和广大青少年学习特点，在忠于原著基础上，除了配备原文外，还增设了简单明了的注释和白话新解，同时还配有相应的启迪故事和精美图片，图文并茂，生动形象，非常易于阅读、理解和欣赏，是广大青少年学习国学的最佳读物，相信大家从中会获得新的感受和新的教益。

前言

《千字文》为南朝周兴嗣撰作，它以儒学理论为纲、穿插诸多常识，用四字韵语写出，对仗工整，条理清晰，文采斐然，令人称绝。

它的问世，相传还有一段故事：原来当年梁武帝令人在王羲之书写的碑文中拓下不重复的一千个字，供皇子们学书用。但由于字字孤立，互不联属，所以他又召来周兴嗣嘱道："卿有才思，为我韵之。"

周兴嗣只用了一个晚上就编好进呈武帝。这便是传至今日的《千字文》。周兴嗣的《千字文》精思巧构，知识丰赡，音韵谐美，令梁武帝称赞不已。

《千字文》全文共250句，每四字一句，字不重复，句句押韵，前后贯通，有条不紊地介绍了天文、自然、修身养性、人伦道德、地理、历史、农耕、祭祀、园艺、饮食起居等各个方面。语句平白如话，易诵易记，后来成了我国古代教育史上最早、最成功的启蒙教材。

《千字文》既是一部流传广泛的童蒙读物，也是中国传统文化的一个组成部分，它在中国古代的童蒙读物中，是一篇承上启下的作品。它那优美的文笔，华丽的辞藻，使得众多童蒙读物都无法望其项背。

宋明直至清末，《千字文》与《三字经》、《百家姓》一起，构成了传统教育最基础的"三、百、千"启蒙读物。不仅汉民族用作儿童启蒙教材，一些兄弟民族也使用，甚至传到了日本等亚洲国家。

目 录

8 天地玄黄
    盘古开天辟地

10 寒来暑往
    伶伦的十二乐律

12 云腾致雨
    卞和矢志献美玉

14 剑号巨阙
    龙王回赠夜光珠

16 果珍李柰
    神农尝草救苍生

18 龙师火帝
    少昊掌管鸟王国

20 始制文字
    嫘祖养蚕织绸衣

22 推位让国
    舜启用大禹治水

24 吊民伐罪
    成汤灭夏建商朝

26 坐朝问道
    李世民虚心纳谏

28 爱育黎首
    周武王建立周朝

30 鸣凤在竹
    百鸟之王的传说

32 盖此身发
    晏子智废刖刑

34 女慕贞洁
    季布重信受重用

36 罔谈彼短
    小"神童"拜师

38 信使可覆
    郭子仪李光弼不计私怨

40 墨悲丝染
    墨子自创学说

42 景行维贤
    李义琰拒建相府

44 德建名立
    富弼德高望重

46 空谷传声
    乐师伶伦作乐律

48	祸因恶积	66	诸姑伯叔
	华佗治病救人		司马光尊敬兄长
50	尺璧非宝	68	交友投分
	董遇珍惜光阴		伯牙和子期
52	资父事君	70	节义廉退
	庾黔娄尝粪心苦		岳飞精忠报国
54	孝当竭力	72	守真志满
	班超投笔从戎		陶渊明不事权贵
56	似兰斯馨	74	都邑华夏
	王冕寺庙苦读		洛阳纸贵
58	容止若思	76	宫殿盘郁
	孟母庭前教子		神奇的紫禁城
60	笃初诚美	78	肆筵设席
	乐羊子断机劝夫		滥竽充数
62	学优登仕	80	升阶纳陛
	召公忠心辅政		富丽华贵的古代宫廷
64	上和下睦	82	右通广内
	司马光受责成才		刘勰撰写《文心雕龙》
		84	府罗将相
			"皇帝"的来历
		86	高冠陪辇
			古代官员的乌纱帽
		88	磻溪伊尹
			伊尹辅佐商汤
		90	奄宅曲阜
			周公握发吐哺

92 桓公匡合
　　老马识途

94 绮回汉惠
　　四贤士保太子

96 晋楚更霸
　　绝缨之宴

98 假途灭虢
　　假途灭虢

100 何遵约法
　　萧何举荐韩信为将

102 起翦颇牧
　　秦赵长平大战

104 九州禹迹
　　秦始皇统一中国

106 雁门紫塞
　　昆明滇池的传说

108 旷远绵邈
　　依山傍险的雁门关

110 治本于农
　　共工氏舍身撞山

112 孟轲敦素
　　孟子效孔著书

114 庶几中庸
　　史鱼以尸谏君

116 聆音察理
　　诸葛亮教子报国

118 贻厥嘉猷
　　名士书画救酒坊

120 省躬讥诫
　　米芾用心学书

122 殆辱近耻
　　孟浩然山水怡情

124 求古寻论
　　梁鸿夫妇相敬如宾

126 欣奏累遣
　　韩娥歌声余音绕梁

128 渠荷的历
　　杨柳荷花生死相伴

130 陈根委翳
　　鲲鹏展翅九万里

132 耽读玩市
　　王充著《论衡》

134 易輶攸畏
　　"勤俭"二字分家

136 具膳餐饭
　　季文子的故事

138 妾御绩纺
　　贤德的长孙皇后

140 纨扇圆絜
　　诸葛亮的羽毛扇

142 昼眠夕寐
　　孟尝君与象牙床

144 弦歌酒宴
　　李白醉酒捉月

146 嫡后嗣续
　　祭祀羊的传说

148 笺牒简要
　　苏东坡书信换羊肉

150 驴骡犊特
　　马骡与驴骡的区别

152 布射僚丸
　　吕布解刘备之围

154 恬笔伦纸
　　蒙恬与毛笔

156 毛施淑姿
　　西施舍身报国

158 年矢每催
　　王羲之练字吃墨

160 璇玑悬斡
　　北斗星与季节星象

162 指薪修祜
　　朱棣宽容待旧臣

164 矩步引领
　　朱晖不负知己

166 孤陋寡闻
　　周兴嗣编写《千字文》

天地玄黄

天地玄黄❶，宇宙❷洪荒❸。
日月盈昃❹，辰宿列张❺。

注释

❶ 玄黄：指天地的颜色。玄，黑色。
❷ 宇宙：宇，上下四方。宙，古往今来。
❸ 洪荒：混沌蒙昧的状态。天地开辟之初，昏昧混沌。
❹ 日月盈昃（zè）：日有出没，月有盈亏。
❺ 辰宿列张：指日月星辰布满天空。

新读

苍天是黑色的，大地是黄色的；茫茫宇宙无边无际，无始无终。太阳有升有落，月亮有缺有圆；星辰布满在无边的夜空。

诗句

远古时代天黑暗，大地浑黄尘埃漫；
古往今来无极限，上下四方不见边。
盘古开天万千年，生命开始现世间。
日出日落月圆缺，繁星闪闪布满天。

故事

盘古开天辟地

传说远古时期，整个宇宙混沌一团，像个大鸡蛋。这个大鸡蛋存在得太长久了，里面渐渐孕育了一个生命，就是盘古。盘古长期生长在这混沌世界中，感到心烦气闷，便找来先天金石之精的斧凿，将混沌的世界劈开。于是，轻清飘逸的大气上升，变成了明亮的蓝天，混浊厚重的尘土沉落下来，凝成了厚实的大地。

天地分开之后，盘古担心有一天天会合起来，就手托蓝天，脚踏大地，将天地支撑起来。天每日升高一丈，地每日增厚一丈，盘古伟岸的身躯，也日复一日变得越来越高大。

经过了一万八千年，盘古觉得天已经很高了，应该不会塌下来了，可以不用再顶着天了，心里一放松，就倒了下去。盘古快要死的时候，他身体各部分分散开来，他的气变成了风云，他的声音变成了雷霆，他的眼睛变成了太阳和月亮，他的骨骼变成了山脉，他的血液变成了河流，他的肌肉变成了土壤，他的发须变成了星星，他的寒毛变成了草木，他的牙齿变成了金矿，他的汗水变成了雨露，他身上的虫则变成了人类。

盘古开天辟地的故事当然不能相信是真的，这个故事只是古代中国人对宇宙起源的一种想象而已，不过，却有一个很深的涵义，那便是人类是用自己的力量来创造世界的。

寒来暑往

寒来暑往[1]，秋收冬藏。
闰余成岁[2]，律吕调阳[3]。

注释

[1] 寒来暑往：一年四季寒热交替。

[2] 闰余成岁：地球公转一周，比农历一年要多出10多天，每数年积所余之时日为闰，而称闰月。"闰余成岁"这句话，语出《尚书·尧典》，有曰："以闰月定四时成岁。"

[3] 律吕调阳：我国古代将一个8度分为12个不完全相等的半音，从低到高依次排列，每个半音称为一律，其中奇数各律叫做律，偶数各律叫做吕，总称六律、六吕，简称律吕。

新读

寒暑循环变换，来了又去，去了又来；秋季里忙着收割，冬天里忙着储藏。积累数年的闰余并成一个月，放在闰年里；古人用六律六吕来调节阴阳。

诗句

寒暑循环来又去，秋季忙收冬天闲。
积累数载闰余日，并成一月在闰年；
律吕原是古仪器，调节阴阳历法全。

故事

伶伦的十二乐律

传说黄帝的时候，有一位乐师叫伶伦，他根据凤凰鸣叫的两个六声，经过长时间的揣摩、推敲，终于创制出音乐上的十二音律，受到了黄帝的赞扬。在此之后，伶伦又对各种飞禽走兽的叫声都一一记录下来，不断丰富他所创制的音律。比如用擂鼓可以表现马奔跑的蹄声，用口哨可以表现各种鸟啼声。

伶伦用昆仑山的竹子制成十二根竹管，十二根竹管与十二个月份相对应，奇数的六根称"律"，偶数的六根称"吕"，奇数表示阳，偶数表示阴。

这些并排的竹管，一端整齐，一端参差错落，竹管中储存用芦苇烧成的灰。将这些竹管埋入空屋的地下，不齐的一端在下，齐的一端在地面。当气象变化到阳气回升时，第一根管子中有气冲出，芦灰飞动，吹起了黄钟的宫音。于是音乐与古来的历法、气象有了关系。

有人说，现代音乐上用的简谱符号即音乐简谱上用的1234567，最早还是起源于中华民族，也可能源于伶伦制定的音律，不过那时的音符不这样写罢了。

云腾致雨

云腾致雨[1]，露结为霜[2]。
金生丽水[3]，玉出昆冈[4]。

注释

[1] 云腾致雨：水气升腾为云，下而为雨。
[2] 露结为霜：阴气结为露，露凝为霜。
[3] 丽水：即云南境内丽江，又名金沙江，出产黄金。
[4] 昆冈：即昆仑山。传说产美玉。

新读

云气升到天空，遇冷就形成雨；露水碰上寒夜，很快凝结为霜。金子生于金沙江底，玉石出自昆仑山冈。

诗句

水气升腾成云烟，遇冷化雨水连连。
露珠寒夜身已变，凝结为霜草奄奄。
金沙江底生黄金，美玉无瑕出昆仑。

故事

卞和矢志献美玉

　　春秋时期，楚国人卞和在荆山上发现了一块奇特的石头，凭着几十年的经验，卞和认定这石头里蕴藏了一块非常珍贵的白玉，如果请能工巧匠打开后取出来，加以精心雕琢，肯定是件"国宝"。

　　卞和想，这样的稀世之宝只有献给国王才是上策，于是便带着这块"璞玉"前往国都。楚厉王让加工玉石的匠人鉴别，匠人不识货，将其误认为是石头，于是卞和以欺君之罪被砍去了左脚。厉王死后，武王继位，卞和又献玉璞，但鉴别的结果仍说是石头，卞和又被砍去了右脚。

　　后来楚文王继位，卞和抱着玉璞在楚山下哭了三天三夜，眼泪都流干了，眼睛里哭出了血。文王派人问他为何哭得这样悲痛，卞和说："我所伤心的并不是被砍去了双脚，而是这个世道是非不分、黑白颠倒。这明明是块宝玉，却被认为是石头。我本来是一心为国的忠贞之士，却被认为是欺君罔上的无知狂徒——这是最使我伤心的啊！"文王让匠人剖开玉璞，果然得到一块上等的美玉，为了表彰卞和献玉的功绩，就将这块美玉命名为"和氏之璧"。

　　从此，和氏璧成为稀世之宝。后来到了战国时期，和氏璧被赵惠文王得到了，秦昭王听说后非常羡慕和嫉妒，派人给赵惠文王送去一封信，信上说：愿意以十五座城池交换和氏璧。后来，人们便用"价值连城"形容十分珍贵的东西。

剑号巨阙

剑号巨阙^①，珠称夜光^②。

注释

① 巨阙：越王允常命欧冶子铸造了五把宝剑，第一为巨阙，其余依次名为纯钩、湛卢、胜邪、鱼肠，全都锋利无比，而以巨阙为最。

② 夜光：《搜神记》中说，隋侯救好了一条受伤的大蛇，后来大蛇衔了一颗珍珠来报答他的恩情，那珍珠夜间放射出的光辉能照亮整个殿堂，因此人称"夜光珠"。

新读

最有名的宝剑叫"巨阙"，最贵重的明珠叫"夜光"。剑号巨阙，珠称夜光。这两句赞叹世间的两样珍宝：宝剑和珍珠。

宝剑里面最有名的是巨阙剑。战国时期，越国有一位著名的铸剑大师叫欧冶子，他平生铸了五把最有名的宝剑，其中三把是长剑，两把是短剑。长剑的头一把就是巨阙剑，第二把叫纯钩剑、第三把叫湛卢剑。两把短剑就是胜邪剑和鱼肠剑，三长两短五把剑全都锋利无比。

珍珠里面最著名的是夜光珠，但也只是传说，没有人亲眼见过。真正的夜光珠据说能将十步左右的暗室，照得如同白昼一般，相当于现在的电灯泡，没有100瓦也差不太多。

诗句

稀世宝剑叫巨阙，夜光明珠摄魄魂。

故事

龙王回赠夜光珠

一次，隋国的国君隋侯出游，发现一条受了重伤的大蛇横躺在路中央，痛苦地挣扎着。他叫随从把蛇抱回家，亲自为蛇清洗伤口，敷上草药包扎好，还不允许旁人打扰，生怕惊动了正在疗伤的蛇。由于隋侯的精心照料，蛇的伤口慢慢愈合，恢复了健康。

几个月过去了，蛇恋恋不舍地离开了恩人，回到了大森林里。在一个漆黑的夜晚，蛇衔来了一颗珍珠，放在恩人的堂外，顿时，整个殿堂亮得如同白昼。隋侯被惊醒后，发现了这颗熠熠生辉的宝珠，很是奇怪。

他环顾四周，只见窗口露出一条大蛇的脑袋，正注视着他，说："我是龙王的儿子，感谢您的救命之恩。"隋侯恍然大悟，原来这颗宝珠是大蛇馈赠的礼物。

这颗宝珠名叫"夜光珠"或"明月珠"。人们为了纪念隋侯爱护生灵的美德，也叫它"隋侯珠"。

《淮南子》上有"蛤蟹含珠，与月盛衰"的故事。"蛤蚌育珠"，要在月圆之夜，皓月高悬，海面上风平浪静时，蛤蚌的贝壳打开，对着月亮，开合收放，吸收月华之光，那颗珠，慢慢地越养越大，就会变成夜光珠。

果珍李柰

果珍李[1]柰[2]，菜重芥[3]姜[4]。
海咸河淡，鳞[5]潜[6]羽[7]翔[8]。

注释

[1] 李：落叶乔木，春天开白色花，果实叫李子，熟时黄色或紫红色。

[2] 柰（nài）：果名，且有药效。柰，落叶小乔木，花白色，果小。

[3] 芥：一年或二年生草本植物，种子黄色，味辛辣，磨成粉末，称芥末，作为调味品。

[4] 姜：菜名，多年生宿根草本。根茎肉质，肥厚，扁平，有芳香和辛辣味。

[5] 鳞：指鱼类。

[6] 潜：藏于水底。

[7] 羽：指鸟类。

[8] 鳞潜羽翔：鱼游于水，鸟飞于天。

新读

果子中最珍贵的是李和柰，蔬菜中最看重的是芥和姜。
海水咸，河水淡；鱼儿在水中潜游，鸟儿在空中飞翔。

诗句

果实堆里有珍品，李柰鲜美味最纯。
蔬菜群中贵贱分，芥菜生姜益全身。
海水苦咸难下咽，河水清淡甜人心。
鱼儿游动在水中，鸟儿飞翔天无垠。

故事

神农尝草救苍生

人们现在能够品尝各式各样的水果、菜蔬，据说应该感谢神农氏。神农氏，别名五谷帝仙，是传说中的农业和医药的发明者，神农氏发明了农耕技术而号神农氏，因以火德王，又称炎帝，然而关于神农氏是否就是炎帝这个问题，学术界一直存在争议。

远古的时候，人们没啥吃的，靠捋草籽、采野果、猎鸟兽来维持生活。有时吃了不该吃的东西，中了毒就会被毒死。

人们得了病，不知道对症下药，都是硬挺，挺过去就好了，挺不过去就死了。

神农帝为这事很犯愁，决心尝百草，定药性，为大家消灾祛病。神农上深山，钻老林，采摘各种草根、树皮、种子、果实；捕捉各种飞禽走兽、鱼鳖虾虫；挖掘各种石头矿物，一样一样地亲口尝。因此，后人根据神农尝百草的传说，将现存最早的中药著作命名为《神农本草经》。

后来，为了纪念神农创中医，尝百草，人们修建有神农坛、神农庙。

龙师火帝

龙师①火帝②，鸟官③人皇④。

注释

① 龙师：相传伏羲氏用龙给百官命名，因此叫他"龙师"。

② 火帝：炎帝，因以火德而王，相传以火给百官命名。因为他做耒耜，教人耕种，又号神农氏。

③ 鸟官：少昊氏用鸟给百官命名，因此叫他"鸟官"。

④ 人皇：传说中部落首长，后被神化。传说中人皇、天皇、地皇合称三皇。

新读

龙师、火帝、鸟官、人皇，这都是上古时代的帝王。

诗句

伏羲结网捕鱼鸟，人们不再饿肚肠。
天庭取火传人间，生活改善体安康。
炎帝辛勤教人耕，神农尝草医病伤。
少昊人皇亦贤能，万古流芳美名扬。

故事

少昊掌管鸟王国

传说有一天，皇娥沿着银河溯流而上，驶往银河源、西海边的穷桑。穷桑是一棵八百丈高的大桑树，它一万年结一次果，结出的桑葚色泽鲜紫，香气清远，吃了可以与天地同寿。

穷桑下、银河畔，一位容貌超尘绝俗的少年在徘徊，少年是黄帝的同胞兄弟西方白帝的儿子金星，就是那颗每天凌晨在东方天穹闪闪发光的启明星。少年与皇娥一见钟情，订下了终身。一年以后，少昊诞生了。

少昊又称穷桑氏、金天氏，名字叫挚，本相是一只金雕。他起初在东海外几万里远的海岛上建立了一个鸟的王国，文武百官全是各种各样的飞禽。

少昊在东方鸟国为王时，他的侄儿，黄帝的曾孙帝颛顼曾来探访。少昊很喜欢这个侄儿，为了培养他的执政能力，特意让他协助治理政务。还亲自制作琴瑟，教他弹唱。

帝颛顼长大，回到自己的封邑去了。少昊睹物伤情，把琴瑟抛到海底的深沟里。听长年航海的水手说，风清月朗、碧海无波的静夜，从大海深处偶尔会传出阵阵悠扬悦耳的琴声，那是少昊的琴瑟在鸣唱呢。

黄帝封少昊为西方金德之帝，少昊告别他的百鸟，留下人面鸟身的大儿子木神句芒做东方木德之帝伏羲的属神，自己带着人脸虎爪、遍体白毛、手持大斧、身乘双龙的小儿子金神蓐收回归故乡。

少昊住在长留山，蓐收住在泑山。父子俩在每天傍晚观察西落的太阳反射到东边的光辉是否正常。红日西沉，浑圆壮阔，霞光满天，因此少昊又叫员神，蓐收又叫红光。他们的名字，构成了一幅庄严而凄美的落日图景。

始制文字

始制文字[1]，乃服衣裳[2]。

注释

[1] 始制文字：传说上古结绳记事，黄帝手下的大臣仓颉创造了文字。

[2] 乃服衣裳：传说黄帝族刚兴起的时候，就懂得用胡麻织布，嫘祖发动了养蚕运动，而伯余等人则发明了衣和裳。

新读

有了仓颉等人的发明创造，开始有了文字，有了嫘祖等人的努力，人们才穿起了遮身盖体的衣裳。

始制文字，乃服衣裳。这两句话说的是黄帝被后世尊为"人文初祖"，从黄帝开始，人类的文明进程才正式开始。黄帝姓姬，名轩辕，号有熊氏，在位一百年。从黄帝开始中国历史开始纪年，从甲子年开始算起，至今有近五千年，所以说中国有五千年的文明史。

黄帝手下有六个大臣，各有贡献。创造文字的是仓颉，制作音乐的是伶伦，隶首做算数，大挠造甲子，岐伯做医学，发明衣的是胡曹。

诗句

仓颉造字功盖世，文明星火放光芒。
嫘祖养蚕取银丝，树叶草裙换衣裳。

故事

嫘祖养蚕织绸衣

相传远古时候，有一位美丽、善良的姑娘，出生在西陵，即今四川省盐亭县嫘村山。姑娘长大后，每天都要外出采集野果来奉养体弱多病的二老。她不怕苦、不怕累，近处的野果采集完了，便跋山涉水到远处去采集，每天很晚才回家。

一天，姑娘在采集桑果时，发现树上吃桑叶的一种白白胖胖的虫子不断地吐着丝，做茧子，这种茧子在阳光下产生的七彩反光非常美丽。出于好奇，姑娘采一粒放在嘴里，用手把丝拉出来，这丝很有韧性。

她索性把这种虫子的丝，编成一块块小绸子，连成一大块给父母披在身上。父母穿了感觉热天凉爽、冬天温暖，非常舒服。于是姑娘把这种虫子取名为蚕，捉回家喂养。

经过长期的经验积累，姑娘完全掌握了蚕的生产规律和缫丝织绸技艺，并将这些毫无保留地教给当地的人们。从此人们结束了"衣其羽毛"的原始衣着，进入了锦衣绣服的文明社会。

姑娘发明养蚕缫丝织绸的消息很快传遍西陵部落，西陵王非常高兴，收姑娘为女儿，赐名"嫘祖"。嫘祖这一惊天动地的创举很快传遍了神州大地，部落的首领纷纷到西陵向她求婚，都遭到嫘祖的婉拒。

这时，英俊非凡的中原部落首领黄帝轩辕，征战来到西陵，两人一见倾心，很快嫘祖被选作黄帝的元妃。嫘祖辅助黄帝完成了统一中华的大业。同时，她还奏请黄帝诏令天下，把栽桑养蚕织锦的技术推广到全国。嫘祖死后黄帝把她葬于嫘村山，后世尊称其为"先蚕娘娘"。

以后，每到植桑养蚕时间，人们纷纷设祭坛祭祀先蚕，以求风调雨顺，桑壮蚕肥。同时也用来祭奠嫘祖这一伟大的发明创造。至今，在陕西祭奠黄帝的盛大典礼中，还有祭祀嫘祖的纪念活动。

推位让国

推位让国[1]，有虞[2]陶唐[3]。

注释

[1] 推位让国：传说尧舜时期，帝位的继承实行选贤举能的禅让制。位：帝位。

[2] 有虞：有虞氏，传说中的远古部落名，舜是它的首领。这里指舜，又称虞舜。

[3] 陶唐：陶唐氏，传说中的远古部落名，尧是它的首领。这里指尧，又称唐尧。

新读

唐尧、虞舜英明无私，主动把君位禅让给功臣贤人。"有虞"、"陶唐"说的是五帝里面的最后两位，有虞是舜帝，姓姚，名重华，号有虞氏，因此人们称他为虞舜。陶唐指尧帝，他姓伊祁，号放勋，因为他的封地在陶和唐，今天的山东一带，所以叫他唐尧。

尧是帝喾之子，黄帝的玄孙，由于他德高望重，人民倾心于帝尧。他严肃恭谨，光照四方，能团结族人，使邦族之间和睦相处。尧为人简朴，住的是茅草屋，门前是土垫的台阶，吃粗米饭，穿麻布衣，喝野菜汤，得到人民的拥戴。

诗句

国君之位不力争，
尧舜禅让世人敬。

> 故事

舜启用大禹治水

舜即帝位后，广泛征求四岳等大臣的意见，惩罚奸佞，举贤任能。其中著名的，要数启用禹了。

当时，舜帝已六十一岁了，很想找一个品德高尚、聪明仁爱的继承人。这时，曾经向尧举荐过舜的四岳回答说："臣以为禹可用。"舜想了想说："就是那个治水无功被我杀死的鲧的儿子吗？"

"正是"，四岳说，"大王切不可以根据父亲来评价儿子呀，禹的确是个不可多得的人才啊！"

舜笑道："放心吧，我明白你的意思。"

不久，舜不避前嫌，启用禹子承父业去治理洪水，也想借此验证一下四岳的话。

禹深感舜的信任，力图报答，因而治理洪水时不辞劳苦，兢兢业业。他经过长期实地考察，确认仅用父亲堵决口的办法根本不行，而必须以疏导为主。他就率领人民开山通泽，疏浚河道，不仅消除了洪灾，还大致确定了九州的区划，更使各州恢复了生产，人民安居乐业。

舜帝很高兴，便效法尧帝，将帝位禅让给了禹。禹推辞不就，于是舜就暂时缓行，却让禹开始主掌百官，管理国事，虽无帝王之名而行帝王之实。

舜帝百岁那年到南方巡视，不幸死在苍梧；后来葬在九嶷山，此地于是被后人称为零陵。舜在即位后仍不断去看望曾迫害自己的父母和弟弟，他的一生，是仁孝开明的一生，对中华民族淳厚民风的形成起了至关重要的作用。

吊民伐罪

吊民伐罪[1]，周发[2]殷汤[3]。

注释

[1] 吊民伐罪：慰问受苦难的百姓，讨伐有残民害国之罪的独裁者。吊：慰问。伐：征讨。

[2] 周发：西周的第一个君主武王姬发，他讨伐暴君商纣王而建立周朝。

[3] 殷汤：历史上商朝又称殷，成汤是第一个君主，他讨伐夏朝暴君桀而建立商朝。

新读

安慰无辜的百姓，讨伐有罪的统治者，领头的是周武王发和殷成王汤。

吊民伐罪，周发殷汤。这两句话引出了中国上古的"三王"，也就是禹王、汤王和武王，他们是夏商周三代之王，也是三个时代的代表。

周武王姓姬，名字叫发，所以称周发。他讨伐暴君商纣，建立了周朝，是周朝的第一位君主。

殷汤说的是成汤，成汤姓子，名履，他讨伐夏朝暴君桀，建立了商朝。因为他是商朝的第一个君主，年号成汤，故此又被称作商汤。商汤在位十三年。

诗句

周武商汤有才德，讨伐罪人安民生。

故事

成汤灭夏建商朝

夏朝奴隶主贵族过着骄奢淫逸的生活。夏启整天沉湎在饮酒、打猎和歌舞中。到夏桀即位，他更暴虐无道，荒淫无耻，百姓苦不堪言。

夏桀以为他的统治永远不会灭亡。他说："天上有太阳，正像我有老百姓一样。太阳灭亡，我才灭亡。"他还召集所属各部首领开会，准备发动讨伐其他部落的战争。可是，各部落对他更加离心离德。

商部落传到成汤当王时，已经很强盛了。成汤采取积极措施准备灭夏。他首先任用了伊尹和仲虺为左右相，他出兵攻灭了葛、韦、顾、昆吾等夏朝属国。成汤越战越强，夏桀陷于孤立的境地。

商在汤之前，一直臣服于夏。后来成汤在伊尹的建议下，停止对夏朝纳贡。夏桀大怒，召集诸侯在有仍（今山东济宁）地方会盟，准备进攻成汤。可是，夏桀的指挥棒不灵了，各诸侯谁也不听他的指挥。成汤和伊尹见灭夏的时机已经成熟，即起兵向夏朝进攻。夏桀的军队众叛亲离，被打得大败。最后，夏桀逃到南巢，今安徽寿县东南，死于亭山。夏朝灭亡。

成汤灭夏之后，向四方扩展了统治区域，建立了中国历史上第二个奴隶制王朝——商朝。

坐朝问道

坐朝问道[1]，垂拱[2]平章。

注释

[1] 坐朝问道：即坐在朝廷上，与大臣们议论政事和治世之道。"坐朝问道"是秦始皇开始的规矩，在此之前称立朝，后写为"莅朝"。

[2] 垂拱：语出《尚书·武成》："惇信明义，崇德报功，垂拱而天下治。"意思是不做什么而天下太平。多用作称颂皇帝无为而治。

新读

贤君身坐朝廷，探讨治国之道，垂衣拱手和大臣共商国是。

坐朝问道，垂拱平章。这两句是对历史上贤德君主，以王道治国莅民的描述和写照。

"坐朝问道"是秦始皇开始的规矩，在此之前称立朝，后写为"莅朝"。君臣上朝都是站着，没座位，更没有椅子。椅子在古代叫"胡凳"，汉朝的古人还是席地而坐，以后带靠背的椅子才从西域传进来。立朝，一是君臣之间的关系平等，就像是君主在召集人开会一样而已。二是古代生活和政事都很简单，站着说几句话就解决问题了。

从秦始皇开始坐朝问道，君臣都是坐着，共商国是。君坐臣立的规矩，由宋太祖赵匡胤开始。

诗句

端坐朝廷理朝政，治国之道用心听。
垂衣拱手重贤臣，共商国是大业兴。

故事

李世民虚心纳谏

唐朝初年，有一次，唐太宗下令，要把洛阳破败了的乾元殿修饰一番，以备作为到外地巡视的行宫。有一个小官张玄素，却上了一道奏折，痛陈此举不妥。他的一道笔锋犀利、击中要害的奏折，竟敢把英明的君主唐太宗比作昏庸的暴君隋炀帝，冒犯天威。满朝文武都为他捏一把汗。

但是，唐太宗就是唐太宗。他不仅没有怪罪张玄素，反而下令召见他。此时的唐太宗想进一步地试一试张玄素的胆量，就直问道，你说我不如隋炀帝，那么，我和夏桀、商纣相比，怎么样呢？

要知道，夏朝的桀王和商朝的纣王，都是历史上臭名昭著的暴君。唐太宗这样问，自有深意。不承想，这个张玄素却直截了当地答道，如果陛下真的修了乾元殿，那就和夏桀、商纣一样昏乱。

听到这句答语，唐太宗不仅没有发怒，反而被深深地感动了。他想，一个小官，敢于冒死直谏，为了什么，还不是为了江山社稷？因此，唐太宗收回了他的谕旨，停止重修乾元殿。并且表扬了张玄素，同时赏给他二百匹绢。

对此事一直关注的魏徵，听到了这个完满的结局，颇有感触地叹道，张公论事，有回天之力，可谓仁人之言哉！这个"回天之力"的真事，充分地说明了唐太宗的虚心纳谏。

爱育黎首

爱育黎首[1]，臣伏戎羌[2]。
遐迩[3]一体，率宾[4]归王[5]。

注释

[1] 爱育黎首：爱是爱护、珍惜。育是抚育、养育。黎首是平民百姓。黎是形声字，文义从黍，有众多、数目很多的意思。

[2] 臣伏戎羌：臣是臣服、接受的意思。伏是低头、顺从。戎羌，我国古代西部边疆地区两个少数民族，常用以泛指我国西南部各少数民族。

[3] 遐迩：遐，远，指边疆。迩，近，指远近。

[4] 率宾：等同于"率滨"，是四海之内的意思。服从。

[5] 率宾归王：出自《诗经·小雅·北山》，上有"普天之下，莫非王土；率土之滨，莫非王臣"的诗句。这里的"王"字，不是指哪一个具体的帝王，而是特指"王道"。

新读

他们爱抚、体恤老百姓，四方各族人都归附向往。远远近近都统一在一起，全都心甘情愿服从于贤君。

诗句

爱护体贴老百姓，四方民族乐顺从。
远近统一国体成，诸侯率众跟君行。

故事

周武王建立周朝

西周是由周文王之子周武王姬发灭商后所建立，定都于镐京。由于周朝后来将都城东迁洛邑，今河南洛阳，称东周，所以称都城在西边镐京的这一时期为西周。从西周建立到东周灭亡，共历八百多年，是中华帝国的一个重要时期，也是中华古典文明的兴盛时期，他的物质文明、精神文明对后世历史的发展有很深的影响。

先周是活动于中原西部黄土高原的一个古老部落。周人的始祖传说是帝喾元妃姜嫄的儿子弃。弃在帝舜时担任农师，号称后稷，教民耕稼有功，分封于邰。

商朝初年，他的后代率族人迁到磁。公刘时，迁到豳（陕西）。到古公亶父时，又迁到岐山南边的周原，就是今天的陕西岐山县，定居下来，逐渐发展成一个新兴的西部势力，自称为周。

周发展到季历的儿子昌继位时，商纣感到昌威胁到他的地位，于是将昌囚禁于羑里七年。周人将昌赎出后，昌大力发展生产，自称为王，即周文王。

周文王逝世后，其子继位，称武王。他以吕尚为师，周公旦为辅，召公、毕公等人为主要助手，继续文王未竟的事业。两年后，武王在盟津召集八百诸侯会师盟誓。

十一年后，武王兵出潼关，联合各方国诸侯，挥师东向，于次年二月甲子日在牧野打败商朝的军队，杀死殷纣王，史称"武王灭商"，建立了中国历史上时间最长的一个朝代"周朝"。

鸣凤在竹

鸣凤在竹[1]，白驹[2]食场。
化被[3]草木，赖[4]及万方。

注释

[1] 鸣凤在竹：凤，传说中的鸟名，为百鸟之王。雄曰凤，雌曰凰。比喻贤才应时而出。

[2] 白驹：未成熟的白马。

[3] 化被：化，教化。被，通"披"，覆盖，恩泽。

[4] 赖：利。

新读

凤凰在竹林中欢乐地鸣唱，小白马在草场上悠然地食草。圣君的教化啊，覆盖了大自然的一草一木，王道的恩泽啊，遍及万方的众生百姓。

凤凰、麒麟和龙是历史上记载的珍瑞善兽，只有在太平盛世才会出现。历史上的太平盛世时期，不少朝代都出现过，但从没有见过这些瑞兽。后人说它们是传说中的动物，自然界根本就没有。凤凰非竹实不食、非梧桐不栖，有点像大熊猫，要吃竹笋。凤凰中雄性的叫凤，雌性的叫凰，古有三凤求凰的典故。

诗句

凤凰竹林轻声鸣，白马觅食草原行。
草木有情也感动，恩泽万众天下明。

故事

百鸟之王的传说

凤凰头顶美丽羽冠，身披五彩翎毛，是综合了许多鸟兽的特点想象出来的。凤凰是我国传说中的百鸟之王，象征着吉祥、太平和政治的清明。

凤和龙一样，被历代帝王当做是权力和尊严的象征。凤冠、凤车等与凤有关的东西，只有皇家和仙人才能使用。

不过，后来凤凰也成了民间百姓的吉祥物。尤其在我国传统的婚礼上，凤成了新娘礼服和头饰上的装饰，代表着吉祥和喜庆。

在民间的传统图案纹样中，凤凰也被广泛应用，它寓意着吉祥和太平。

凤凰还常常和其他吉祥物配合成纹图，如龙凤呈祥、凤麒呈祥等，也是吉祥如意的象征。

凤凰的起源约在新石器时代，原始社会彩陶上的很多鸟纹是凤凰的雏形，距今7400多年的湖南洪江高庙文化遗址中，出土了一件白色陶罐，其颈部和肩部各戳印有东方神鸟图案，一只朝向正面，一只侧面回首。

据考古专家鉴定，这件陶器上的神鸟图案即为凤凰，要比浙江余姚河姆渡文化遗址中发现的凤凰图案至少要早400年，是迄今为止我国发现的最早的凤凰图案。

今日所见关于凤的最早记录，可能是在《尚书·益稷》篇中。书中叙述大禹治水后，举行庆祝盛典。由夔主持音乐，群鸟群兽在仪式上载歌载舞。最后，凤凰也来了——"箫韶九成，凤凰来仪。"

盖此身发

盖此身发[1]，四大[2]五常[3]。
恭惟鞠养[4]，岂敢毁伤。

注释

[1] 盖：发语词，无实义。身发，身躯，毛发。

[2] 四大：指地、水、风、火。佛家以地大，水大，火大，风大为四大，认为人身也由此"四大"组成，故以"四大"为人身的代称。

[3] 盖此身发，四大五常：这两句话，是针对人的生命体和生命属性来说的。"身发"在此处指代我们的肉身。人的生命体是由两部分组成的，一部分是物质的"四大"，一部分是精神的"五常"，指"仁义礼智信"的德性。

[4] 鞠养：抚养，养育。

新读

人的身体发肤分属于"四大"，一言一行都要符合"五常"。恭蒙父母亲生养爱护，不可有一丝一毫的毁坏损伤。

诗句

关于我们自身体，地水风火共组成。
仁义礼智信五常，言语行为当准绳。
谨慎小心细调养，以报父母生育情。
岂敢轻易伤自己，避祸防凶惜生命。

故事

晏子智废刖刑

春秋时期，齐国有一种残酷的刑罚叫"刖刑"，即使犯罪不大，也得要砍断一只脚。齐国的宰相晏子总想说服齐景公，废除这种酷刑。

晏子住在城市里，人声嘈杂。一天，齐景公问他住得怎么样。他说："在那里住很好，百姓心想什么，摸得着。市场行情怎样，看得清。"

齐景公很感兴趣，便问他市场上什么最贵，什么最贱。晏子答道："假脚最贵，鞋子最贱。"齐景公不明白其中的原因，晏子告诉他明天上市场一看就明白了。

第二天，齐景公和晏子微服出城，来到市场上。齐景公见一片繁荣，很是高兴。可令他惊奇的是，卖鞋子的触目皆是，价钱也便宜，买的人却很少。可找遍全市街，也见不到有假脚出卖。

晏子找个卖鞋的问，卖鞋的答道："受刖刑的人很多，假脚一上市，就抢购一空啦。"他还对晏子故作吃惊地说，"想不到被砍掉脚的人，竟这样多。再下去，叫谁种粮食，叫谁去打仗呀？"齐景公心里一震。不禁说道："别行这刑法，得要马上废除掉！"

晏子心想，一番苦心算是没有白费，心里暗暗欢喜。原来他预先关照卖鞋的，这天把所有鞋全摆出来。又叫那些经营假脚的，停止一天买卖哩。

女慕贞洁

女慕贞洁，男效才良[1]。
知过必改，得能莫忘[2]。

注释

[1] 才良：才能卓越，品德高尚。

[2] 得能莫忘：学到的知识才能，不荒疏遗忘。"得能莫忘"有两重含义，一是从他人之处有所得，也就是别人教会我们的东西，使得我们有所得，我们不能忘，这也是知恩必报的意思。二是我们自己于修心、修身上有所得，不能忘。

新读

女子要学习那些为人称道的贞妇洁女，男子要效法有德有才的贤人。知道自己有过错，一定要改正；学到的知识才能，不可荒疏遗忘。

人虽然众多，无非只是一男一女而已。人的性别虽有不同，但所具有的五常之德是相同的，都是仁义礼智信。这是人格，做人的资格，离开了五常也就不成其为人了。

男女毕竟还是有所不同，表现在本质上的差异就是"女慕贞洁，男效才良"。对女子之德的要求是"贞洁"，女子要羡慕、仰慕的是贞与洁，所以自古女孩子起名字叫贞、洁的很多。

诗句

女子要学贞洁妇，自尊自重莫自轻。
男子应效贤人行，德才兼备方有名。
知错一定要改正，自身所得不能忘。

故事

季布重信受重用

西汉初年有一个叫季布的人，他特别讲信义。只要是他答应过的事，无论有多么困难，他一定要想方设法办到。当时还流传着一句谚语："得黄金百斤，不如得季布一诺"。"一诺千金"这个成语也是从这儿来的。

季布初为霸王项羽帐下五大将之一，数次围困刘邦，后来，刘邦打败项羽当上皇帝，开始搜捕项羽的部下，并出千金悬赏捉拿季布，并下令有胆敢窝藏季布的论罪要灭三族。当时季布躲藏在濮阳一个姓周的人家。

周家说："汉王朝悬赏捉拿你非常紧急，追踪搜查就要到我家来了，将军您能够听从我的话，我才敢给你献个计策；如果不能，我情愿先自杀。"季布答应了他。周家便把季布的头发剃掉，用铁箍束住他的脖子，穿上粗布衣服，把他放在运货的大车里，将他和周家的几十个奴仆一同出卖给鲁地的朱家。

朱家心里知道是季布，便买了下来安置在田地里耕作，并且告诫他的儿子说："田间耕作的事，都要听从这个佣人的吩咐，一定要和他吃同样的饭。"朱家还专程到洛阳去找汝阴侯夏侯婴，请他解救季布。

夏侯婴从小与刘邦很亲近，后来为刘邦建立汉王朝立下汗马功劳。他也很欣赏季布的信义，在刘邦面前为季布说情，终于使刘邦赦免了季布。不久刘邦还任命他做了河东太守。

罔谈彼短

罔¹谈彼短，靡²恃³己长。

注释

¹ 罔：无，不，没有。

² 靡：无，不，没有。"罔"和"靡"的词性相近，都是表示禁止、劝阻的否定性动词，相当于别、不要的意思。"靡"字的本义是无、没有。

³ 恃：依赖，依仗。

新读

不要去谈论别人的短处，也不要依仗自己有长处就不思进取。

罔谈彼短，靡恃己长。这两句话里强调了两个不要：第一是不要谈论别人的缺点和短处。当你手指别人的时候，只有一根指头指别人，三根指头却指向自己，到头来受伤害最重的正是自己而不是别人；第二不要依仗自己的长处而骄傲自大。

诗句

莫论别人缺与短，不以己长逞才能。

故事

小"神童"拜师

柳公权是唐代的大书法家，小时候就被人称为"小神童"。听大家都这样称呼自己，柳公权自己也得意起来。

一天，柳公权和小伙伴们在村子边的大树下写字。他很快写好了，洋洋自得地说："看看，我的字写得又快又好。"小伙伴们也都很佩服他。这时，一个卖豆腐的老汉挑着豆腐担子走了过来，对他说："算了吧，我看你这几个字写得就像我的豆腐一样，软塌塌的，你怎么还有脸吹牛呢！"柳公权心里很不高兴，老汉接着说："不服气吗？我用脚写的字都比你的好！不信你明天到邻村去找我。"

第二天一大早，柳公权就到了邻村，果然在村口的一棵老槐树下，又发现了那个卖豆腐的老人，老人用左脚按着纸，用右脚的脚趾夹着一支毛笔正在写字。柳公权一看老人写的字龙飞凤舞，比起自己的不知要好上多少倍！他心里既惭愧又羡慕，就跪倒在地上要拜老头为师。老头推辞不过，便用右脚写下了四行诗句："写尽八缸水，砚染涝池黑，博取百家长，始得龙凤飞。"柳公权明白这就是写字的诀窍。从此他发奋练字，再也不敢自满了。

信使可覆

信使可覆[1]，器欲难量[2]。

注释

[1] 信使可覆：对人许下的诺言，要经得起复验。信，诺言。覆，复验。覆字的本义是翻转、倾覆的意思，此处的引申义为审察、核实、检验。"信使可覆"这句话，出自《论语·学而》。

[2] 器欲难量：气度要广大，难以计量。器：度量，气度。欲，要、应该。

新读

诚实的话要能经受时间的考验；器度要大，让人难以估量。

俗语说"侯王颔下能跑马，宰相肚里能撑船"。心小量窄的结果，必然是嫉贤妒能，这样的人不但薄福，而且下场很不好。

唐朝著名的两大奸臣"口蜜腹剑李林甫"、"笑里藏刀李义府"就是很好的例证，一个人能否担当重任、成其大事，首先要看心量。心大意大，天地给的舞台就大，就能"心包太虚，量周沙界"。心小量窄，自己的路就越走越窄，最后孤家寡人、形影相吊，这是有一定道理的。

诗句

讲话诚实切切记，时间考验句句灵。
心胸宽广难估量，宰相肚里船能撑。

故事

郭子仪李光弼不计私怨

唐朝时，有两位杰出的部将，一个叫郭子仪，一个叫李光弼，他们两人之间有些矛盾。路上相遇，总是互相回避，就是在一起时，也互不说话，各自都把个人的私怨深深埋在心里。

唐天宝十四年冬，范阳节度使安禄山举兵叛乱。为了平息叛乱，唐朝政府提拔郭子仪继任朔方节度使，统兵御敌。这样一来，李光弼就成了郭子仪的部将。郭子仪想到平时两人的关系，心里很不安。这时唐朝皇帝又传来旨意，命令郭子仪即日率部出征。此时的李光弼也对自己的处境非常担心。他怕郭子仪会寻机报复，便硬着头皮主动向郭子仪认错，说："过去我不好，得罪了您，今后不管怎样处理我，我都不抱怨，只希望不要报复到我的老婆孩子身上。"没等李光弼说完，郭子仪赶忙离开座位，跑了过去，紧紧抱住了李光弼，满眼含泪地说："李将军，现在是什么时候，国家危急，百姓遭难，正需要我们一起去效力，特别需要你这样的人才，难道我们还能像过去那样鼠肚鸡肠，计较个人恩怨吗？"看到郭子仪如此心怀坦荡，李光弼心里非常感动，当下就和郭子仪对拜了几拜，然后带兵请战。从此，他们二人，将帅协同，在平息叛乱中，各自都立下了卓越的战功。

墨悲丝染

墨[1]悲丝染，诗赞羔羊[2]。

注释

[1] 墨：墨子，名翟。鲁国人，战国初期思想家，墨家学派创始人。

[2] 羔羊：语出：《诗经·召南·羔羊》："羔羊之皮，素丝五紽。"通过咏羔羊毛色的洁白如一，来赞颂君子的"节俭正直，德如羔羊。"

新读

墨子为白丝染色不褪而悲泣，《诗经》中有《羔羊》的名篇传扬。

墨悲丝染，诗赞羔羊。这两句话属于用典，典故出自《墨子》与《诗经》。"墨"指的是墨子，《墨子》一书中有"墨悲丝染"的故事。故事说墨子有一次路过染坊，看到雪白的生丝在各色染缸里被染了颜色。任凭你怎样漂洗，也无法再将染色丝恢复生丝的本色了。

墨子悲泣地说："染于苍则苍，染于黄则黄，不可不慎也。"这个故事暗喻了人的本性像生丝一样洁白，一旦受到污染被染了色，再想恢复本性的质朴纯洁，已经不可能了。

"诗"指的是《诗经》，《诗经·国风·召南》里面有《羔羊》一篇，赞美了小羊羔毛皮的洁白。意思与墨子说得差不多，也是感叹人的本性像羔羊的皮毛一样洁白柔软。人应该永远保持这种没有污染的本性才好。

诗句

白丝污染色难褪，墨子伤心而悲哭。
《诗经》才有《羔羊》篇，称功颂德传千古。

> 故事

墨子自创学说

墨子，名翟，春秋末战国初期宋国人，今河南商丘人，一说鲁国，今山东滕州人，是战国时期著名的思想家、教育家、科学家、军事家、社会活动家，墨家学派的创始人，墨子创立墨家学说，并有《墨子》一书传世。

墨翟很小的时候就接受了儒家的教育，老师教他六艺：礼、乐、射、御、书、数，而墨子对后四项尤其感兴趣。因为这几项能够促进人的动手能力。墨子的老师也很注重培养墨子这方面的能力，他经常带墨子去参观工匠们的作坊。

有一次老师带墨子去染布坊，老师让墨子观看布匹是怎样染成的。墨子对工匠们的劳作很感兴趣，当他正在聚精会神地观看时，他的老师来到他身边说："看到了吧，这些丝绢本来都是雪白雪白的，把它们放进黑色的染料中，就变成了黑色的了，把它们放在了黄色的染料中，就变成黄色的了。"

墨子说："丝会跟着染料的颜色来变化，是这样的吗？"

老师说："是啊，做人的道理和染丝一模一样，所不同的是，丝是被人放进染料的，如何做人则完全是自己作出的选择。"

墨子明白了老师的意思，就更加严格要求自己了。当他后来成为思想家收了门徒后，他也经常用这个例子来教导自己的学生。

景行维贤

景行^❶维贤，克^❷念作圣。

> [注释]
>
> ❶ 景行：语出《诗经·小雅·车辖》："高山仰止，景行行止。"意思是对高山要抬头瞻仰，对贤人的品德要看齐，站到一个行列中去。
>
> ❷ 克：能。

> [新读]
>
> 高尚的德行只能在贤人那里看到；要克制私欲，努力仿效圣人。
>
> 景行维贤，克念作圣。这两句话出自《诗经》与《尚书》。《诗经·小雅·车辖》一篇中有诗句"高山仰止，景行行止"。说的是贤德之人，德如高山，人人敬仰，行如大道，人人向往。
>
> "景行"是指崇高光明的德行，景字的本义是日照高山，有高大、光明的意思。德行正大光明才能成为贤人，贤人是人群的榜样，做人的标准。战胜自己为贤，再能成就他人方为圣。
>
> 《尚书》里面有"惟狂克念作圣，惟圣妄念成狂"一句话。庄子用"野马"来形容人狂奔不已的念头和思想，这里的"狂"字就代表了凡夫俗子。人如果能够克制住自己狂乱的思想和私心杂念，凡夫就能变成圣人。同样的道理，放纵自己的心念，圣人也会退化成为凡夫。

> [诗句]
>
> 光明正大能成贤，圣人律己私欲除。

故事

李义琰拒建相府

李义琰，唐代唐高宗在位时的宰相。他身居高位，平素生活都过的十分节俭，穿的是一般布衣，吃的是粗茶淡饭，住的房子也是又旧又简陋，连一般官员的住房都不如。

他的弟弟李义琎见他一朝宰相，日子却过的如此寒酸，心中实在有些不忍，于是劝他重建一所新宅。可是不管怎么劝，他就是不同意。过了些日子，李义琎又去劝他，他还是不答应。

李义琎见哥哥如此固执，就决定自己来替哥哥操办此事，于是他拿出自己的钱，请人购置了一批建房材料，准备为他兴建一所新的宅院。李义琰知道此事以后，连忙出来阻止，对弟弟说："我侥幸担任了宰相，已是感到十分惭愧，常常觉得自己不太称职。如若再兴建豪华的宅第，贪图舒适安逸，只会招来灾祸，到头来是适得其反。"李义琎不以为然。李义琰又说道："人生在世，生活不可能都尽人意，但为人的品格则应追求完美。我为一朝宰相，身为百官之首，倘若迷恋享受，贪图安逸，岂不丢掉了做人的美好品德吗？"

李义琎见哥哥如此坚决，又言之有理，修建府邸之事，也就只好作罢了。

德建名立

德建名立[1]，形端表正[2]。

注释

[1] 德建名立："德"与"名"是一对，名是名利的简称。人没有一个不追求名利的，说不想那是因为没有条件与机会。人求名利、求好的果就应该种好的因，种瓜得瓜，种豆得豆。"德"是因，"名"是果，"德建"才能"名立"。

[2] 形端表正："形"与"表"又是一对，这里的"形"指的是人的整体形态，身心两部分都包括在内。心正才能身正，身正了仪表容貌自然端正。人的形体健美、容貌姣好的根本在于心地，整容化妆是没有用的，起码不能长久。所以善良之心能将人变丑为美，歹毒之心会使人面目狰狞。

新读

养成了好的道德，就会有好的名声；就像形体端庄，仪表也随之肃穆一样。

德建名立，形端表正。这两句话着重讨论了德与名、形与表的两种关系。因好果必好，这是自然的道理。如果我们反过来，倒果为因，只求名利不管德行，那是缘木求鱼。

"缺德"哪里能求到"善果"呢？古人说"德是摇钱树，信是聚宝盆"。有了德才能童叟无欺，有了信才能货真价实，这样做生意不想发财都不可能。这就是孔子在《易经·系辞》中说的："善不积不足以成名，恶不积不足以灭身。"

诗句

道德情操一建立，美好名声自然树。
举止端庄仪表整，温文尔雅人恭敬。

故事

富弼德高望重

富弼,字彦国,北宋洛阳人。他出身贫寒,从小读书勤奋,知识渊博,举止豁达,气概不凡。

富弼二十六岁踏上仕途。四十多年里,他对北宋王朝竭诚尽忠,他不断加官晋爵,先后担任过仁宗、英宗、神宗三朝宰相,成为天子倚重、百官景仰的名臣。

富弼先后两次奉命出使,第一次赴任,正逢女儿得病去世;第二次上路,又闻报小儿子出生,他都没有回家看上一眼。回来以后,朝廷为了褒扬他的功绩,先后授予他枢密直学士、翰林学士和枢密副使等要职,他都谦逊地再三辞谢,不肯就任。

公元1048年,黄河决口,洪水泛滥成灾,河北六七十万灾民仓皇南下。当时,富弼正遭到政敌的谗言诽谤,谪官在青州,他在境内腾出公私房屋十多万间来分散安排灾民,并出榜向当地百姓募集粮食,加上官仓中的全部存粮,都运送到各地散发。到第二年,河北麦子大熟,绝大多数灾民都扶老携幼返回家乡。富弼为国家招募到兵员一万多人。天子特派使者前来慰劳,并授任他为礼部侍郎,富弼却辞谢说:"这是臣应尽的职责。"

公元1072年,富弼年老退休,长期隐居洛阳。一天,他乘小轿外出,经过天津桥时被市民发现,马上纷纷跟随观看,使热闹的集市顷刻之间变得空无一人。司马光曾称颂他说:"三世辅臣,德高望重。"

空谷传声

空谷传声，虚堂习听。

注释

① 空：是形声字，指洞穴。引申为洞穴之中一无所有。

② 谷：山谷。

③ 虚堂：空屋子。

④ 习：长期反复地做，逐渐养成的不自觉的活动。

新读

在空旷的山谷中呼喊时，会有回音，声音会传得很远，在宽敞的厅堂里说话，也会有回声，而且声音非常清晰。比喻越是在没有人的地方，越是更应该注意自己的言行声音，因为越是空旷的山谷，声音传得越远。

在山谷里发声，立即可以听到回声；在空旷的大堂之中发声，立即又能听到这个声响。意思是人的思想道德修养，必然反映在他的行动上。

"空谷传声"传出的是谁的声音？"虚堂习听"听到的又是谁的声音？都是发声者自己发出的声音。如果不出声，哪里会有"传声"和"习听"呢？人的祸福都是自己招致的，就像自己在山谷中呼喊，听到的是自己的回音一样。

诗句

空旷山谷声播远，宽敞厅堂回声响。

故事

乐师伶伦作乐律

当年黄帝命伶伦作乐律，伶伦取懈谷之竹，先用其中厚薄均匀的做成竹管。开始，吹出来的音调没有阴阳之分，根本不成音律。人们讽刺伶伦说："你吹的那竹管，不听则罢，一听把野兽都吓跑了。"

有一次，伶伦吹竹管的怪叫声，把黄帝的马吓得四蹄腾空，仰头嘶叫，把黄帝从马背上摔下来，伶伦赶快跑过去把黄帝扶起来，黄帝对伶伦说："你制的这个小竹管能把我的马吓惊，可见很不简单，将来一定能吹出好听的音律来。"

在黄帝的鼓励下，伶伦更加信心百倍，整天苦练，但仍然吹不出和谐的音调来。有一天，伶伦来到凤岭，躺在一块石头上不知不觉就睡着了。当他睡得正香时，忽然被树上一阵美妙的鸟声唤醒。伶伦马上坐起来一看，只见树上落着两只羽毛美丽、体形优美的鸟在鸣叫，伶伦且情不自禁地拿起自制的竹管，模仿鸟的叫声吹了起来，正吹得起劲时，两只鸟突然停止了鸣叫，展翅飞走了。伶伦急得又是跺脚，又是招手。可是，鸟已经飞得无踪无影了。

从此，便把凤凰停息的地方叫做"凤岭"。伶伦每天来到凤岭，坐在一块大石头上，专等凤凰来鸣叫。果然，凤岭树林里不断有凤凰栖落。

祸因恶积

祸因恶积[1]，福缘[2]善庆[3]。

> [注释]

① 祸因恶积，福缘善庆：语出《易经·坤·文言》："积善之家，必有余庆；积不善之家，必有余殃。"

② 缘：由于。

③ 庆：福泽。

> [新读]

祸害是因为多次作恶积累而成，幸福是由于长年行善得到的奖赏。

祸因恶积，福缘善庆。这两句话出自《易经》。这两句话重点讨论了善与恶、福与祸的因果关系。善恶是因，福祸是果，因果次序一定要分清楚，千万不能倒置。

祸与福是一体两面，相依共存的关系。不想要祸就不要让福发展到极点，老子说过"祸兮福之所倚，福兮祸之所伏"。

人为什么会有祸呢？那是因为积恶的原因，是小恶的不断积累的结果。为什么会有福呢？那是因为积善的原因。所以"福将至，观其善必先知之；祸将至，观其恶必先知之"。

人的祸福都是自己招致的，就像自己在山谷中呼喊，听到的是自己的回音一样。一切因果都是自作自受，怨天尤人是没有用的，所以有一句古话是"祸福无门，唯人自招"。

> [诗句]

作恶多端成祸害，常做好事才有福。

故事

华佗治病救人

有一次,华佗外出行医,半道上迎面来了一个青年,他一手推着小车,一手捧着肚子,脸色蜡黄,呼吸非常急促。华佗三步并作两步,上前扶住青年,关切地询问他哪儿不舒服,那人痛苦地从喉咙里挤出几个字:"肚子痛得实在受不了了!"

华佗立刻动手诊治,断定他得的是肠痈,即阑尾炎,必须立刻动手术。他让病人喝了一碗麻沸散,很快年轻人被麻醉了。华佗用刀子切开病人腹部,割去已经溃烂的肠子,把腹腔清洗干净后再缝好,涂上消炎生肌的药膏。几天后,病人的伤口很快就痊愈了。

华佗善于区分不同病情,对症下药。有一次,有两个军官都患了病,病情完全相同——全身发热头痛。他们都找华佗治病,华佗诊治后却开了两剂完全不同的药方,一个开的是泻药,另一个开的是发汗药。别人觉得十分奇怪,就问华佗,为什么病情相同却用药不同。

华佗回答说:"表面上看这两人病症完全相同,但病的起因完全不同,一个受了点风寒,只要喝药发汗就会好的;而另一个病根在身体里面,只有服泻药才能治好。"

果然,这两个军官回去喝了药后,病很快就好了。

尺璧非宝

尺璧[1]非宝，寸阴[2]是[3]竞[4]。

注释

[1] 尺璧：直径一尺的圆玉。
[2] 阴：光阴。
[3] 是：作结构助词，使宾语提前，以示强调。
[4] 竞：争。

新读

一尺长的璧玉算不上宝贵，一寸短的光阴却值得去争取。

尺璧非宝，寸阴是竞。这两句话，出自《淮南子》。《淮南子》上说"圣人不贵尺之璧，而重寸之阴"。璧的本义是平而圆、中心有孔的玉环，后世将上等的美玉称为璧。直径一尺长的璧是非常宝贵的，古有"和氏之璧，价值连城"的故事。但是这里却说"尺璧非宝"，这是与光阴比较而言的。与光阴相比，一尺长的美玉也不是宝贝，但是片刻时光却值得珍惜。

古时候的人们为什么将时间叫做"寸阴"呢？时间是可以用尺子计量的吗？古代的计时工具中有一种叫日晷，日晷，又称"日规"，是一种石头制作的上面带有刻度的盘子，盘面上有一根垂直的铁针。日晷盘面上的刻度非常复杂，有好几层。因为地球绕太阳公转的轨道是椭圆的，地球自转的地轴又是歪的，所以四季的日照高度不同，落在日晷上的阴影也长短不一。当夕阳落山的时候，阳光在日晷上的阴影只有一寸长。夕阳落山是瞬间的，一下就落了，如不抓紧时间寸阴就没有了。所以才有"一寸光阴一寸金"的成语。

诗句

璧玉就算一尺长，要说宝贵不苟同。
光阴再短只一寸，努力争取金难赎。

故事

董遇珍惜光阴

东汉末年，有个叫董遇的人，自幼学习就十分刻苦。虽然他家的生活十分艰苦，但董遇始终没有放松过学习，稍有空闲就拿出书来学习。

后来，董遇写了一部很有影响的书，成为著名学者。很多读书人都向他求教学习方法，董遇说："任何一本书，只要你读上100遍自然就会明白其中的道理。"

所有的人都很疑惑：哪来那么多的时间啊？

董遇便严肃地说："时间是靠自己去争取的，我就是利用了'三余'。"

大家急忙问道："什么叫'三余'？"

董遇笑着说："'三余'就是三种空闲的时间。冬天，是一年中最有余的时间；夜晚是一天中最有余的时间；雨天，是平常最空余的时间。抓紧了这'三余'，时间不就有了吗？"

那些求教的人听了他的话，才认识到自己不是没有时间，而是不会利用时间。

大家都十分钦佩他这种抓紧时间刻苦学习的精神，纷纷感谢他的教导，高兴地离去了。

资父事君

资①父事②君，曰严与敬。

注释

① 资：帮助，供养。
② 事：侍奉。

新读

供养父亲，侍奉国君，要做到认真、谨慎和恭敬。

资父事君，曰严与敬，这两句话讲的是五伦关系。五伦就是父子、夫妻、兄弟、朋友、君臣，五种人与人之间的伦常关系，前面三种是家庭关系，后面两种是社会关系，这是人与人之间的基本关系。

人性之中要有仁、义、礼、智、信五常之德，人心之中要明五伦之道。例如，父子之间讲仁、夫妻之间讲智、朋友之间讲信、君臣之间讲义。知道什么事该做、什么事不该做。能将事情做得恰到好处、适度适宜者，就是义，就是君臣之道。兄弟之间要讲礼，知道长先幼后，社会秩序才能有条不紊。

"资父事君"的意思是资养父母、侍奉君王，原则要求是两个字"严"与"敬"。严是一丝不苟，敬是诚谨恭敬，恭在外表，敬在内心。在《孝经》里面说："资于事父以事母而爱同，资于事父以事君而敬同。"强调了奉养父母、侍奉君王是一样的，都要一丝不苟，虔诚恭敬。汉语里自古孝顺二字合用，孝指内心的诚敬，顺指言行上不拗父母之意。

诗句

孝顺父母侍奉君，恭恭敬敬要认真。

> 故事

庾黔娄尝粪心苦

庾黔娄，南朝齐新野人，今河南新野人。他的父亲名庾易，生性淡泊宁静，不羡慕荣华富贵。庾黔娄生性孝顺，平时不随便说话，一举一动都唯恐辱没父母。

庾黔娄在南齐时任孱陵县令。他上任不满十天，忽然感觉心惊流汗，预感家中有事，当即辞官返乡。

回到家中，庾黔娄听说父亲已病重两天。他焦急地向医生询问父亲的病症。

医生说："要想知道病情的吉凶，只要尝一尝病人粪便的味道就知道了。味苦为好，味甜就危险了。"黔娄于是就去尝父亲的粪便，当他发现粪便的味甜时，内心十分忧虑，夜里跪拜北斗星，乞求由自己代父亲去死。

几天后，父亲死去，黔娄安葬了父亲，并守孝三年。人们听说他的孝行，到处传扬他的孝名。

孝当竭力

孝当竭力,忠则尽命[1]。
临深履薄[2],夙兴温凊[3]。

注释

[1] 孝当竭力,忠则尽命:孝敬父母应当用尽全力,侍奉君主就要不惜性命。

[2] 临深履薄:《诗经·小雅·小旻》:战战兢兢,如临深渊,如履薄冰。比喻极其小心谨慎。临,面对。履,踩踏。

[3] 夙兴温凊:早起晚睡,冬天使父母温暖,夏天让父母凉爽。夙兴,夙兴夜寐之省文。夙,早。兴,起。凊,清凉。

新读

对父母孝,要尽心竭力;对国君忠,要不惜献出生命。要像"如临深渊,如履薄冰"那样小心谨慎;要早起晚睡,让父母冬暖夏凉。

诗句

尽心竭力才算孝,效忠国家不惜身。
国君面前战兢兢,如临深渊如履冰。
早起晚睡为父母,冬暖夏凉事关心。
忠孝记心请莫忘,品德高尚正直人。

故事

班超投笔从戎

汉明帝时，匈奴联络了西域的几个国家，经常掠夺边界上的居民和牲口。班超气愤得再也坐不住了，说："大丈夫应当像张骞那样到塞外去立功，怎么能老闷在书斋里写文章呢？"他把笔杆扔了，就投军去了。

公元73年，执掌兵权的窦固派班超为使者，先去联络西域，斩断匈奴与西域的联系，再去对付匈奴。班超带着三十多随从人员到了鄯善。

当时鄯善王已经归附了匈奴，但匈奴还是不断地向他勒索财物。这会儿汉朝派使者来了，鄯善王殷勤接待。从张骞通西域以来，西域和汉朝不相往来已有六十多年了。班超住了几天，匈奴的使者到了。鄯善王怕得罪匈奴，故意冷淡班超他们。

班超打听到匈奴的使者住地离这儿才三十里地，到了半夜里，班超率领的十几个壮士拿着鼓躲在帐篷后面，二十几人埋伏在帐篷里面，他带着六个人顺着风向放火。

火一烧起来，拿着鼓的人同时擂鼓呐喊，其余的大喊大叫，杀进帐篷里去。班超手起刀落，砍死了三个匈奴兵。壮士们跟着班超杀了匈奴的使者和三十多个随从，把帐篷都烧了。班超他们回到营里，正好天亮。

鄯善王听到匈奴的使者被杀了，亲自来到班超的帐篷里，说今后一定听从汉天子的命令。班超安慰了他一番。鄯善王表示真心和好，愿意叫他儿子到洛阳去学习汉朝的文化。

似兰斯馨

似兰斯馨，如松之盛[1]。
川流不息，渊澄取映[2]。

注释

[1] 似兰斯馨，如松之盛：加强自己的修养，要具有良好的品德，要像兰花那样芳香，如同松柏似的长青。"兰"在这里指的是兰草或兰花，不是玉兰花。兰草的学名叫泽兰，是多年生菊科草本植物，可以入药，开紫红色花，其茎、叶、花都有微香，古代用于熏香。

[2] 川流不息，渊澄取映：思想品德的提高永无止境，像江河一样奔流不息，像潭水一样清澈照人。

新读

能这样去做，德行就同兰花一样馨香，同青松一样茂盛。延及子孙，像大河川流不息；影响世人，像碧潭清澄照人。

古人认为松与君子一样，具有常青不老，四时不易其叶的品质。松为人君，传说梦见松树的人将为公，所以公木为松。柏树则被认为是阴木，可以寄托哀思，西方属金色白，故白木为柏。

诗句

好像兰草芳香纯，又如劲松长青身。
川流不息像河水，德行惠延及子孙。
深潭清澈明似镜，后人借鉴满乾坤。

故事

王冕寺庙苦读

　　王冕，字元章，号煮石山农，浙江诸暨人。元代诗人、文学家、书法家、画家。七八岁的时候，父亲让他在田埂上放牛，他偷偷地进入学校，听学生们读书。听完以后，就默默地记在脑子里。傍晚回家，他把放牧的牛都忘记了。

　　有人牵着王冕家的牛，来王冕家，责怪无人看管的牛糟蹋了他家的田地，王冕的父亲大怒，用鞭子打了王冕一顿。过后，他仍然像以前一样。他的母亲说："这孩子对读书如此入迷，为什么不让他去读书呢？"

　　王冕因此离开家，到一座寺庙来居住。夜里他偷偷地走出住处，坐在庙内佛像的膝盖上，拿着书映着佛像前长明灯的灯光诵读，书声琅琅一直读到天亮。佛像都是土质的雕像，大都面目狰狞凶恶。王冕是小孩子，却内心安然一点也不怕就仿佛没看到一样。

　　安阳的韩性听说后，感到十分惊讶，将他收作学生，于是成为了精通儒学的人。

　　韩性死了以后，韩性的门人对待王冕像对待韩性一样。当时王冕的父亲已经去世，于是王冕把自己的母亲接到越城赡养。时间长了，母亲想要归还老家，王冕就买牛来架母亲的车，自己亲自穿着古代的衣服跟在车后。乡里的孩子都聚集在道路两旁笑，王冕自己也笑了。

容止若思

容止若思[1]**，言辞安定。**

注释

[1] 容止若思，言辞安定：《礼记·曲礼》："毋不敬，俨若思，安定辞。"郑玄注："人之坐思，貌必俨然。"这两句说，形貌举动若有所思，出言发语态度沉着，言语稳重。

新读

仪态举止要庄重，看上去若有所思；言语措辞要稳重，显得从容沉着。

容止若思，言辞安定这两句话出自《礼记·曲礼》。《礼记》上有"毋不敬，俨若思，安定辞"的语句。容貌恭敬庄严，举止沉静安详就是"容止若思"。"容"指人的容貌仪表，"若思"是若有所思，人的仪容举止要安详，要从容不迫，不能毛毛草草。

"言辞安定"是说，言语对答要安定沉稳，要有定力。古人教导我们，君子应该是"修己以敬，安之以人"。内心敬才能重，重了才能定。内有定，外表的仪容举止才有安。

我国是礼仪之邦，自古讲究一个"礼"字，现代社会的法律法规、典章制度统属礼的范围。我国文化中礼的核心就是一个"敬"字，有敬方有礼，有心才为爱。没有诚敬之心，礼再多也是一种形式，不但一点作用没起到，反而使人变得越来越虚伪。因此《礼记·经解》中才说"《礼》之失，烦"。前清的旗人见面问安，全家人都要问个遍，搞得繁文缛节就烦死人了。

诗句

仪态举止要庄重，若有所思神色定。
言语措词须严谨，从容镇静答分明。

故事

孟母庭前教子

孟子，战国时期邹国人，鲁国庆父后裔。中国古代著名思想家、教育家，战国时期儒家代表人物。孟子继承并发扬了孔子的思想，成为仅次于孔子的一代儒家宗师，与孔子合称为"孔孟"。

孟子的妻子独自一人在屋里，蹲在地上。孟子进屋看见妻子这个样子，就向母亲说："这个妇人不讲礼仪，请准许我把她休了。"

孟母说："什么原因？"孟子说："她蹲在地上。"孟母问："你怎么知道的？"孟子曰："我亲眼看见的。"

孟母说："这是你不讲礼仪，不是妇人不讲礼仪。《礼经》上不是这样说吗，将要进门的时候，必须先问屋里谁在里面；将要进入厅堂的时候，必须先高声传扬，让里面的人知道；将进屋的时候，必须眼往下看。《礼经》这样讲，为的是不让人措手不及，无所防备。而今你到妻子闲居休息的地方去，进屋没有声响人家不知道，因而让你看到了她蹲在地上的样子。这是你不讲礼仪，而不是你的妻子不讲礼仪。"

孟子听了孟母的教导后，认识到自己错了，赶紧向妻子赔礼道歉。于是，夫妻俩又和好如初。

笃初诚美

笃初诚美[1]，慎终宜令[2]。
荣业所基[3]，籍甚无竟[4]。

注释

[1] 笃初诚美：注重事情的开始固然是好的。笃：诚厚，引申作注重。诚：实在，的确。

[2] 慎终宜令：慎重对待事情的结局当然也是美好的。令，善。

[3] 荣业所基：荣耀显达的根本。基，本，根本。

[4] 籍甚无竟：籍，凭借。籍甚，盛大。无境，没有止境。

新读

无论修身，还是求学，重视开头固然不错；认真去做，有好的结果更为重要。有德能孝是事业显耀的基础，这样的人声誉盛大，传扬不已。

马跑得很慢叫做"笃"，引申义是厚实、硕大，如有笃爱和笃交的用词。"初"是指一件事的开端。任何事情，无论修身还是求学，有好的开端固然很好，但能够始终如一，坚持到底才是难能可贵。

人做事虎头蛇尾的很多，开端很好决心很大，但没过几天，热乎劲儿就凉下来了。老子说：人往往是功亏一篑，常于"事几成而败之"。无论是做学问还是修道，一个人如果下定决心，一辈子只干一件事，没有不成功的道理。

诗句

无论做事与求学，重视开头固然行。
持之以恒更注重，善始善终业能成。
事业发达根基定，德行高尚自传名。

故事

乐羊子断机劝夫

河南郡乐羊子的妻子，非常贤德。

羊子在路上行走时，曾经捡到一块别人丢失的金子，拿回家把金子给了妻子。妻子说："我听说有志气的人不喝'盗泉'的水，廉洁方正的人不接受他人傲慢侮辱地施舍的食物，何况是捡拾别人的失物、谋求私利来玷污自己的品德呢！"羊子听后十分惭愧，就把金子扔弃到野外，然后远远地出外拜师求学去了。

一年后羊子回到家中，妻子跪起身问他回来的缘故。羊子说："出行在外久了，心中想念家人，没有别的特殊的事情。"妻子听后，就拿起刀来快步走到织机前说道："这些丝织品都是从蚕茧中生出，又在织机上织成。一根丝一根丝的积累起来，才达到一寸长，一寸一寸地积累，才能成丈成匹。

"现在如果割断这些正在织着的丝织品，那就会丢弃成功的机会，迟延荒废时光。您要积累学问，就应当'每天都学到自己不懂的东西'，用来成就自己的美德；如果中途就回来了，那同切断这丝织品又有什么不同呢？"羊子被他妻子的话感动了，又回去修完了自己的学业，于是就七年没有回来。

学优登仕

学优登仕[1]，摄[2]职从政。

存以甘棠，去而益咏。

乐殊贵贱，礼别尊卑。

注释

[1] 优：有余力。仕：做官。

[2] 摄：掌握。

新读

学习出色并有余力，就可走上仕道，即做官，担任一定的职务，参与国家的政事。召公活着时曾在甘棠树下理政，他过世后老百姓对他更加怀念歌咏。选择乐曲要根据人的身份贵贱有所不同；采用礼节要按照人的地位高低有所区别。

诗句

学习优异可做官，参政治国立奇功。

甘棠树木不忍砍，因为召公体民情。

死后百姓更赞咏，看到甘棠人称颂。

选择乐曲要看人，身份贵贱有不同。

采用礼节不准乱，地位高低须分清。

召公忠心辅政

召公，又叫做邵公，姓姬名奭，是西周周文王的第五个儿子。周灭商前，始封地在召，曾辅助周武王灭商，并跟随周公征服了叛乱的殷商属国和淮夷。召公支持周公旦摄政当国，支持周公平定叛乱。

召公勤于政务，经常走访民间，深得百姓爱戴。召公在陕地巡视时，就在甘棠树下决断刑狱，处理政务，夜晚则于树下搭盖草屋而居。地方官吏让百姓腾出房子供他休息，烧茶备饭招待他，都被召公制止。

当时陕地漫山遍野都生长着甘棠树，召公处理政务之余，摘吃棠梨果子解渴充饥，夸赞其"酸甜适口"。正因为召公勤政爱民，其管辖的这一区域政治清明，社会安定，百姓安居乐业，盛赞召公体恤民情，广施惠政，深得民心，并编成歌谣，广为传颂。

成王崩逝，召公率诸侯与太子见于先王庙中，告诫他先祖成就王业不易，一定要勤政为民，专志诚信，节俭廉洁，不可有过高的欲望。康王继位后，遵先辈所行，清正廉明，励精图治，所以天下太平，一切刑罚放在一边，四十年派不上用场。这些与召公的辅佐是分不开的。

后人为感念召公的恩德，在陕州古城捐资兴建召公祠，栽有甘棠树，并有"古甘棠"、"召公遗爱"等碑刻，使召公载誉天下，流传百代。

上和下睦

上和①下睦②，夫唱③妇随④。
外受傅训⑤，入奉母仪⑥。

> 注释

① 和：是协调、平静、美好的意思。

② 睦：字从目，目顺也，就是看着顺眼，引申义为亲近、好合。

③ 唱："倡"的通假字，有倡导、发起的意思。

④ 上和下睦，夫唱妇随：上下要和睦，妻子要顺从丈夫。

⑤ 傅训：傅训是师傅、师长的训诲，属于师道。

⑥ 母仪：母亲所规定的行为规范。过去大臣给皇太后送匾额，都题写"母仪天下"，这是恭维话，但也是劝勉的话，勉励皇太后做天下人的榜样，所以母亲在子女面前的言行举止不可不谨慎。

> 新读

长辈和小辈要和睦相处，夫妇要一唱一随，协调和谐。在外面要听从师长的教诲，在家里要遵守母亲的规范。

教育必须是老师与家长联合起来，有些话只能老师说，有些话又非家长讲不可。家教与师教像人的两条腿一样缺一不可，所以《三字经》上说："养不教，父之过；教不严，师之惰。"

> 诗句

长辈晚辈和睦处，夫唱妇随要协调。
在外要听师长训，在家应从母亲教。

故事

司马光受责成才

司马光小时候很贪玩，在他五六岁时，发生了一件事，使他发生了变化。

有一次，司马光得到一个青胡桃，想把它剥开来吃，但他用了很多办法，都剥不开。他跑去找姐姐帮忙。姐姐接过了胡桃，用尽力气忙了半天，也是没有办法剥开，于是他的姐姐走开了。

姐姐走了之后。这时，一个丫环看到这种情景，就过来告诉司马光：用开水烫，就可以把胡桃剥开。

当姐姐回来后，看到司马光吃着了胡桃。问胡桃壳是谁剥开的，司马光毫不犹豫地回答："我自己啊！"

司马光的父亲早就看到了丫环帮助司马光烫青胡桃，于是从屋子里走出来大声斥责道："小孩子不可以撒谎！"司马光顿时感到十分羞愧。

从此以后，司马光再也不敢说谎了，无论是做人还是做事，他总是实事求是。后来，司马光终于成为我国古代有名的政治家、文学家和史学家。

诸姑伯叔

诸①姑伯叔，犹②子比儿。
孔怀③兄弟，同气连枝。

注释

① 诸：全部。
② 犹：犹如，就像。
③ 孔怀：出自《诗经·小雅·常棣》："死丧之威，兄弟孔怀。"后来多用"孔怀"来代指"兄弟"。

新读

对待姑姑、伯伯、叔叔等长辈，要像他们的亲生子女一样。

兄弟之间要非常相爱，因为同受父母血气，犹如树枝相连。

孔子说过，对父母尽孝是小孝，是孝之始；能够爱天下人、爱万物才是大孝，是孝之终。

孟子也说过，"老吾老以及人之老，幼吾幼以及人之幼"。将自己的爱心拓展开来，就是贤人、就是菩萨。一步就能够做到"众生平等"这当然是好，如果一下子做不到，就要一步一步慢慢来，要知道欲速则不达。经常看到学佛的人，烦自己家里人，烦自己的父母，反而跑到庙里去做功德、去供养法师，这就本末倒置了。

诗句

对待姑叔等长辈，像其子女一样好。
兄弟之间要友爱，血脉相通是同胞。
连枝同根树同人，手足之情要记牢。

故事

司马光尊敬兄长

司马光是北宋政治家、文学家和史学家,他一生孝顺父母、友爱兄弟、忠于朝廷。人们除了对他的德行备极推崇之外,他发自真诚的友爱兄弟的情怀,更是流传千古。

司马光的哥哥,字伯康,已八十岁了,而司马光也年事不小,但他侍奉兄长就如同侍奉父亲一样地尽心尽力。尤其当老人家体质羸弱,消化不佳,为了确保哥哥的健康,司马光需要对哥哥实行少量多餐,照顾颇为费神。

所以每当吃完饭不久,司马光总会亲切地问候哥哥:"您饿了吗?要不要再吃点东西?"他几乎是时时刻刻地关注着哥哥,就如同照顾婴儿般地无微不至。

人的一生,和兄弟姐妹相处的时间,往往超过和父母相处的时间,所以兄弟姐妹之间应该彼此相互提携照顾,正所谓是"同气连枝,骨肉相连"。又说:"一回相见一回老,能得几时为弟兄?"而兄弟间真挚的友爱,是多么的弥足珍贵,我们应当更加地珍重和爱惜。在我国尊敬长辈叫孝,尊敬兄长叫悌。孝悌是中华民族的传统美德,是我们每一个人都应该学习的。

交友投分

交友投分[1]，切磨箴[2]规。
仁慈隐恻[3]，造次弗离[4]。

注释

[1] 交友投分：交朋友要靠缘分和志趣相投。

[2] 箴：劝诫、劝勉。

[3] 仁慈隐恻：仁慈之心和恻隐之心。

[4] 弗离：不可抛弃。

新读

结交朋友要意气相投，学习上切磋琢磨，品行上互相告勉。仁义、慈爱，对人的恻隐之心，在最仓促、危急的情况下也不能抛离。

交朋友一定要投分，也就是投脾气、投缘分，朋友之道讲一个信字，彼此推心置腹，诚信有义，才是真朋友。

诗句

结交朋友应慎重，意气相投才交心。
学习交流互帮助，互相勉励友谊深。
对人富有同情心，仁慈善良心要真。
传统美德不可丢，何时都勿忘源根。

故事

伯牙和子期

春秋战国时,有个楚国人姓俞名瑞,字伯牙,在晋国做官,很善于弹琴。有一年,他到楚国去办事,顺便回家探望多年未见的亲友。

伯牙坐的船开到汉阳江口,因遇大雨无法继续前进,停泊在一座山脚下。过不多时,雨停了,江面上风平浪静,天空出现一轮明月。面对如此优美的景色,伯牙兴致大发,调好弦,专心地弹了起来,弹了一阵,突然"啪"地一声,一根琴弦断了。原来岸上有一个樵夫在听他弹琴。

这个樵夫叫钟子期,听见有人弹琴,便住足倾听。伯牙请子期在自己对面坐下,问:"你能听懂我弹的是什么吗?"子期说:"你先弹一曲,我试着听听。"伯牙调好琴弦,想起高山的雄伟姿态,开始弹奏起来。一曲完了,子期赞叹道:"气势多么磅礴啊,好像雄伟的泰山一样。"伯牙听了不动声色,他继续弹奏了一曲。琴声刚停,子期便高兴地站起来,连声称赞道:"好极了!就如同烟波浩渺广阔无边的江河!"

伯牙万万想不到一个樵夫竟然能够听懂韵律,他惊喜万分地说:"美玉原来是藏在石头中的啊!你原来是我的知己呀!"

从此,伯牙和子期成了知心朋友。第二年,伯牙又一次来访子期,却听到子期不久前病故的噩耗。伯牙悲恸至极,来到子期的坟前,将琴摔碎,说是子期死后,再无知音之人,他也再不会弹琴了。

节义廉退

节义廉退[1]，颠沛匪亏[2]。
性[3]静情逸[4]，心动神疲[5]。

注释

[1] 节义廉退：义，义气，正义。退，退让，谦让。节义廉退，气节、正义、廉洁和谦逊，这是在任何情况下都要保持的。

[2] 颠沛匪亏：颠沛，跌倒。匪，非，不是。亏，亏损，缺少。颠沛匪亏比喻处境窘迫困顿。这句话的意思是一个人要有重气节、讲正义、廉洁、谦让的品德，即使受到挫折的时候也不能有亏这种道德标准。

[3] 性：本性、性情。

[4] 逸：安逸、安定。

[5] 性静情逸，心动神疲：疲，疲惫。这句话的意思是性情安静，情绪就安定。内心躁动，精神就疲惫。

新读

气节、正义、廉洁和谦让的美德，在最穷困潦倒的时候也不可亏缺。
品性沉静淡泊，情绪就安逸自在；内心浮躁好动，精神就会疲惫困倦。

诗句

气节正义人之本，廉洁谦让品德美。
即使颠沛流离时，正气凛然永不悔。
平心静气自悠然，心浮气躁精神颓。

故事

岳飞精忠报国

岳飞，字鹏举，北宋相州汤阴县永和乡孝悌里人。公元1122年，岳飞从军，因武艺高强，被派为"勇敢战士"的小队长。同年，赵构在相州设置兵马大元帅府，招募兵马，岳飞参加了大元帅府的部队，成了康王的侍卫队。

后来岳飞参加过多次对金的作战，因作战勇敢，经常得胜，受到宋高宗的器重，故被封为大将。岳飞主张大举北伐，收回故土。但宋高宗怕激怒金国的统治者，不让岳飞北伐，反而命他退守鄂州。岳飞百感交集。

公元1140年5月，就在抗金战争取得辉煌胜利的时刻，朝廷连下12道金牌，急令岳飞"措置班师"。在要么班师、要么丧师的不利形势下，岳飞明知这是权臣用事的乱命；但为了保存抗金实力，不得不忍痛班师。

岳飞回来后，被秦桧罗织罪名杀害。岳飞含冤而死，但他永远活在人们心中。他的赫赫战功和优良的人格品质，在历史上留下了辉煌的一页。

守真志满

守真①志满②，逐③物意移④。
坚持雅操，好爵自縻⑤。

注释

① 真：纯真。守真：保持纯真。"守真"是保持住人的真常之性，"真"是真常，指人的本性、本源，道家有"返璞归真"的说法。

② 志满：内心满足。

③ 逐：追逐。逐物，追求物欲。

④ 意移：意志动摇。

⑤ 坚持雅操，好爵自縻：一个品行高尚的人，必然能得到好的官职。好爵：好的官职。縻：牵系，拴住，系住。

新读

保持纯洁的天性，就会感到满足；追求物欲享受，而天性就会转移改变。

坚持高尚的情操，好的职位自然会为你所有。

诗句

保持纯洁天真心，志得意满心愿遂。
如果一味求财富，意志转移百事废。
坚持节操情高尚，高官厚禄还给谁？

故事

陶渊明不事权贵

陶渊明是东晋后期的大诗人、文学家。公元405年,已过不惑之年的陶渊明出任彭泽县令。到任第八十一天,碰到浔阳郡派遣督邮来检查公务。浔阳郡的督邮刘云,以凶狠贪婪闻名远近,每年两次以巡视为名向辖县索要贿赂,每次都是满载而归,否则栽赃陷害。

当督邮来到彭泽那一天,陶渊明的县吏说:"我们应当穿戴整齐、备好礼品、恭恭敬敬地去迎接督邮啊!"

陶渊明叹道:"我岂能为五斗米向乡里小儿折腰。"意思是我怎能为了县令的五斗薪俸,就低声下气去向这些小人贿赂献殷勤呢?说完,他挂冠而去,辞职归乡。此后,陶渊明一面读书为文,一面躬耕陇亩。

陶渊明的一生,充满了对人生真谛的渴望与追求。

陶渊明的诗歌如《饮酒》和《杂诗》等,质朴无华,清丽自然,或者咏史抒怀关心时局,或者充满"性本爱丘山"的生活志趣。陶渊明的辞赋如《归去来兮辞》,表达了他不与世俗同流合污的决心。

陶渊明的散文如《桃花源记》和《五柳先生传》等,表现了一种返璞归真和高远脱俗的意境,同时也表达了他对美好未来充满了向往。

后人有"一语天然万古新,豪华落尽见真淳"之誉。但陶渊明那不为"五斗米折腰"的气节,更使后人肃然起敬。

都邑华夏

都邑①华夏,东西二京。
背邙②面洛,浮渭据泾。

注释

① 邑:国都,京城。
② 邙:山名,北邙山,在今河南省。

新读

古代的都城华美壮观,有东京洛阳和西京长安。东京洛阳背靠北邙山,南临洛水;西京长安左跨渭河,右依泾水。

我国最古老的两个都城,一个是东京洛阳,一个是西京长安。洛阳号称是九朝古都,历史上前后有九个朝代在洛阳定都。在洛阳建都的历史要比长安早,是在西周的时候就开始建立的。以后的东汉、曹魏、西晋、北魏、隋朝,以至唐朝初期也都将国都设在洛阳,所以才称洛阳为"九朝古都"。

西京长安,简称西安,由于地理位置接近中国的中心,所以是"十一朝古都"。最早在长安建都的是西汉,之后有秦魏北周隋唐等多个朝代均定都于此。西安周边有多处历史遗迹,如东边的半坡村,是我国境内发现的最大的新石器时代的遗址,距离现在有七千年了。一个东京洛阳,一个西京长安,是我国历史上最古老、最宏伟的两个都城。

诗句

华夏大地有都城,洛阳长安东西京。
东京洛阳哪里行?北靠邙山好风景,
南临洛水水清清。西京长安在何方?
泾河渭河夹其中;泾渭分明不相融。

故事

洛阳纸贵

左思是西晋时有名的文学家，但他小时家里很穷，经常吃不饱饭，再加上人长得丑，他很气馁，不爱说话。

在他出名以前，他曾经花了一年时间写了一篇《齐都赋》，但是没有产生什么影响。左思并不感到气馁，他坚信自己能够写出流传千古的作品来。于是，他更加努力，打算写一篇《三都赋》。所谓"三都"，指三国时魏国的都城邺城（今河南安阳）、蜀国的都城成都（今四川成都）、吴国的都城建业（今江苏南京）。要为"三都"作赋，是需要有很深的文学功底和很广博的知识的，当时的一般文人都不敢去写这个题目。

他为了写好《三都赋》，到处去查阅资料，走访那些了解三都历史掌故的人。就这样，左思花了十年的功夫，终于把《三都赋》写成了。这时的左思还没有名气，他把文章拿去请当时在文学界声望很高的皇甫谧指教，皇甫谧反复阅读后，赞不绝口，文学界的知名人士张载和刘逵在读了《三都赋》后也非常欣赏，还为《三都赋》作了注释。

有了这么多名家的推荐和赞赏，左思的名声大震，《三都赋》也在洛阳被人们争相传抄。一传十，十传百，整个京城洛阳都轰动了。因为要抄《三都赋》的人太多了，洛阳城里的纸张也供不应求，纸价也涨了许多，留下了"洛阳纸贵"的典故。

宫殿盘郁

宫殿盘郁[1]，楼观飞惊[2]。
图写禽兽，画彩仙灵[3]。
丙舍旁启[4]，甲帐对楹[5]。

注释

[1] 盘郁：屈曲茂盛之状。
[2] 飞惊：凌霄耸立如飞，使人惊赞。
[3] 仙灵：神仙灵怪。
[4] 丙舍旁启：厢房开在两侧。丙舍：宫中别室。启：开。
[5] 甲帐对楹：对门是供奉神灵的甲帐。甲帐：汉武帝时所造的帐幕。

新读

宫殿盘旋曲折，重重叠叠；楼阁高耸如飞，触目惊心。宫殿上绘着各种飞禽走兽，描画出五彩的天仙神灵。正殿两边的配殿从侧面开启，豪华的帐幕对着高高的楹柱。

诗句

宫殿盘错又曲折，重重叠叠数不清。
楼阁高耸似飞腾，触目惊心势恢宏。
雕梁画栋有禽兽，描出五彩天仙灵。
正殿两边是配殿，错落有致开侧面。
豪华帐幕金罗绸，对着楹柱春风拂。

故事

神奇的紫禁城

北京的紫禁城堪称古代宫殿的代表作，它是我国明代和清代24个皇帝的皇宫。明朝第三位皇帝朱棣在夺取帝位后，决定迁都北平，即开始营造紫禁城宫殿，至公元1420年，才落成。

依照我国古代星象学说，紫微垣，就是北斗星，位于中天，乃天帝所居，天人对应，所以适合当皇帝的居所，又称紫禁城。

紫禁城的城墙四面各设了一座城门，其中南面的午门和北面的神武门现在专门供参观者游览出入的。

紫禁城的城内宫殿建筑布局是沿中轴线向东西两侧展开的。红墙黄瓦，画栋雕梁，金碧辉煌。

紫禁城的南半部以太和殿、中和殿和保和殿三大殿为中心。两侧辅以文华殿、武英殿，是皇帝举行朝会的地方，称为"前朝"。

紫禁城的北半部则以乾清宫、交泰殿和坤宁宫及东西六宫和御花园为中心。

其外东侧有奉先和皇极等殿，西侧有养心殿、雨花阁和慈宁宫等，是皇帝和后妃们居住，举行祭祀和宗教活动，以及处理日常政务的地方，称为后寝。

明朝所建紫禁城有两座，一个在北京，一个在南京。

肆筵设席

肆¹ 筵² 设席³，鼓⁴ 瑟⁵ 吹笙⁶。

注释

① 肆：陈列，摆设。

② 筵：酒席。

③ 肆筵设席：摆设酒席。

④ 鼓：鼓是一种打击乐器，在坚固的且一般为圆桶形的鼓身的一面或双面蒙上一块拉紧的膜。鼓可以用手或鼓杵敲击出声。

⑤ 瑟：我国原始的丝弦乐器之一，共有25根弦。最早的瑟有50根弦，故又称"五十弦"。《诗经》中有记载："窈窕淑女，琴瑟友之。"

⑥ 笙：簧管乐器。《诗经·小雅·鹿鸣》曰："我有嘉宾，鼓瑟吹笙。"

新读

宫殿中大摆宴席，乐人吹笙鼓瑟，一片歌舞升平的景象。

诗句

大摆宴席在殿堂，乐人鼓瑟又吹笙。
歌舞升平好气象，哪管百姓苦和穷。

故事

滥竽充数

战国时候，齐国有位国君叫齐宣王。他喜爱音乐，特别喜欢听竽乐合奏。吹竽的乐队越大，他听得越起劲儿。有个南郭先生，既没有学问，又不会劳动，专靠吹牛拍马混饭吃。听到齐宣王要组织大乐队的消息，就托人向齐宣王介绍，说是吹竽的高手。

齐宣王很高兴，请他加入了竽乐队。合奏的时候，他坐在300人组成的乐队里，腮帮子一鼓一瘪，上半身前俯后仰，好像吹得十分卖力。其实，他的竽一点声儿也没出。但是，每天他都和其他乐师一样，拿高薪，吃美餐，一混就是好几年。

但是好景不长，过了几年，爱听竽合奏的齐宣王死了，他的儿子齐湣王继承了王位。齐湣王也爱听吹竽，可是他和齐宣王不一样，他认为300人一块儿吹实在太吵，不如独奏来得悠扬逍遥。于是齐湣王发布了一道命令，要让乐师一个个地吹竽给他欣赏，乐师们接到命令后都积极练习，都想一展身手。只有南郭先生急得像热锅上的蚂蚁，他想来想去，觉得这次再也混不过去了，只好连夜收拾行李逃走了。

升阶纳陛

升阶纳陛[1]，弁[2]转疑星。

注释

[1] 陛：帝王宫殿的台阶。

[2] 弁：古时的一种官帽，通常配礼服用。赤黑色布做叫的爵弁，是文冠；白鹿皮做的叫皮弁，是武冠。后泛指帽子。

新读

登上台阶进入殿堂的文武百官，帽子闪闪发光好像是天上的星星。我国古代的建筑无论厅堂屋舍，还是亭台楼阁都是建筑在一个高出地面的台基之上，所以堂前有阶，要进入堂屋必须升阶，所以古人有升堂之称。

"弁转疑星"的意思，就是每个人都戴着官帽，上面的玉石转来转去，在灯光的映照下，就像星星一样明亮。这句话语出《诗经·卫风·淇奥》，诗中说："瞻彼淇奥，绿竹青青，有匪君子，充耳琇莹，会弁如星。"

诗句

文武百官齐上朝，登上台阶入殿中。
顶顶官帽一大片，好像满天颗颗星。

故事

富丽华贵的古代宫廷

宫廷，是古代封建帝王居住的地方。为了显示皇家至高无上的地位和统领天下的威严，我国古代宫廷的设计和建筑都特别追求雄伟壮观和富丽华贵。

古代宫廷的设计，一般分为前后两部分：前面是皇帝处理朝政的地方，后面是帝王和后妃们居住的地方。

皇宫中的主要宫殿都建在一条南北中轴线上，两侧的建筑整齐而对称。重重院落，层层殿堂，展示了皇宫的齐整、庄严和浩大。宫廷中的建筑，大都由金碧辉煌的大屋顶、朱红的木制廊柱、门窗和宽阔洁白的汉白玉台基组成。

几千年来，我国历代帝王都不惜人力、物力和财力，建造规模巨大的宫廷。可惜的是，这些辉煌的建筑大都在战火中毁坏了。

目前保存最完整的古代宫廷建筑，就是位于北京市中心的故宫博物院。这座明清两朝的皇宫，是目前世界上最大的木结构建筑群。

右通广内

右通广内❶，左达承明❷。
既集坟典❸，亦聚群英。
杜稿❹钟隶❺，漆书❻壁经。

注释

❶ 广内：汉宫廷藏书之所；指帝王书库。
❷ 承明：古代天子左右路寝称承明，因承接明堂之后，故称。
❸ 坟典：坟，《三坟》，记载三皇事迹的书。典，《五典》，记载五帝事迹的书。
❹ 杜稿：杜度的草书手稿。
❺ 钟隶：钟繇的隶书真迹，见张怀瓘《书断》。
❻ 漆书：汲县魏安釐王墓中发掘出来的漆书。见《晋书·束皙传》。

新读

右面通向用以藏书的广内殿，左面到达朝臣休息的承明殿。这里收藏了很多的典籍名著，也聚集着成群的文武英才。书殿中有杜度的草书和钟繇的隶书，还有漆写的古籍和孔壁中的经典。

诗句

右面通向广内殿，左面到达承明殿。
广内藏有书万卷，通明殿里文武全。
杜度草书钟繇隶，漆写古籍孔经典。
四书五经寻得见，典籍名著堆成山。

故事

刘勰撰写《文心雕龙》

《文心雕龙》的作者刘勰是南朝梁东莞人，即今山东莒镇人，他出生在一个贫穷的农民家庭里，从小父母双亡，只有靠邻舍的救济过活。后来，刘勰长大了，艰苦的生活磨炼了他的意志，十六岁的时候，他就以学识渊博而闻名乡里。

刘勰有个邻居，对刘勰很关怀，邻居有一个女儿，比刘勰只小一岁，和刘勰从小青梅竹马，两人感情也颇深。刘勰成年以后，邻居曾多次暗示愿意把女儿嫁给刘勰，可他想，如果结了婚，他哪还有工夫来看书呢？

谢绝了这一家，又来了那一家。随着年龄的增大，村里给刘勰说媒的人也越来越多，刘勰为了表示自己笃学不娶的决心，收拾好了行李，搬到了附近的一个庙里，一方面帮和尚干些事，另一方面利用庙里的清静环境拼命读书。

这样坚持了十几年，刘勰完成了中国古典文学理论著作中，体系最完整、结构最严密的巨著《文心雕龙》。在历史上，这本书被称为艺苑之秘宝，影响很大。

府罗将相

府罗①将相，路侠②槐卿③。

户封八县，家给千兵。

注释

① 府罗：府，朝廷。罗，罗列，排列。

② 路侠：道路的两边。侠，同"夹"。

③ 槐卿：周朝时，朝廷上种有三棵槐树，三公站立的位置面对三棵槐树。古人最崇敬槐树，槐树能生存数千年，且不怕旱涝、不畏寒暑，生命力极强。槐树花、槐树皮都可以吃，可以在饥年救人性命，槐树在我国被称为国槐。三槐就是三公，代表国家最尊贵的三个职位。

新读

宫廷内将相依次排成两列，宫廷外大夫公卿夹道站立。

他们每户有八县之广的封地，配备千人以上的士兵。

每个朝代，对三公的称谓都不同，秦汉以前，将太师、太傅、太保叫做三公。三公都是德高望重的老头，虽然没有具体的职务，但一句话就能将天子的意见否决了。西汉末至东汉初的三公是大司徒、大司马、大司空。这三公都是宰相，都有实权，大司马掌管全国的兵马。大司徒专门管钱、管人，相当于丞相。大司空主管国家的基本建设。

诗句

皇宫朝堂好威严，将相大臣列两边。

大夫公卿夹道站，宫廷外面听差遣。

户户封有八县地，家家卫兵数上千。

故事

"皇帝"的来历

　　历史上把君主称为皇帝，是从秦始皇开始的。在此之前，我国的最高统治者称王或单称皇，如周文王、周武王、三皇等。

　　春秋战国时期，周王室衰微，诸侯开始争霸，一些国力强大的诸侯国的国君也自称为王，如秦王、楚王、齐王、赵王和燕王等。

　　公元前221年，秦王嬴政灭掉了六国，平定天下。嬴政自认为这是亘古未有的功业，甚至连三皇五帝也比不上他，如果不改变"王"的称号，"无以称成功，传后世"，于是让李斯等人研究一下怎么改变他的称号，以显示他的丰功伟绩。

　　李斯等人商议后报告秦王说，上古有天皇、地皇、泰皇，泰皇最贵，可改王为泰皇。秦王反复考虑，认为自己"德高三皇，功过五帝"，决定兼采帝号，称为皇帝，以彰显自己的尊贵。

　　李斯等连忙附和说："皇帝圣明呀，一称皇帝，自然盖过了五帝三皇，皇帝万岁万岁万万岁！"秦始皇听着这个称呼感到非常满意。

高冠陪辇

高冠[1]陪辇[2]，驱毂振缨[3]。
世禄[4]侈[5]富，车驾肥轻。
策功[6]茂实，勒碑刻铭。

注释

[1] 高冠：古代官员戴的高帽子。
[2] 辇：古时用人拉或推的车。
[3] 毂：泛指车。缨：古代帽子上的带子。
[4] 世禄：王公大臣世代享受的俸禄。
[5] 侈：奢侈。
[6] 策：出谋划策，这里指文治。功：这里指武功。

新读

王公大臣戴着高高的官帽，陪着皇帝出游，驾着车马，帽带飘舞着，好不威风。

他们的子孙世代领受俸禄，奢侈豪富，出门时轻车肥马，春风得意。

朝廷还详尽确实地记载他们的功德，刻在碑石上流传后世。

诗句

高高官帽带飘舞，陪同皇帝去游玩。
驱赶骏马华丽车，八面威风号喧天。
世世自在享厚禄，奢侈腐化阔无边。
高头肥马驾轻车，春风得意飘飘然。
功德伟绩载史册，名刻石碑代代传。

故事

古代官员的乌纱帽

古代的官员都戴有官帽,据史料记载,戴官帽的习俗起自晋朝。乌纱帽的产生时间有几种说法,有人说是唐朝,有人说是宋朝。其实,乌纱帽是古代一种官帽,首先产生于东晋。那时乌纱帽并非官员特有,它不分贵贱,官民皆可戴。

到了唐代,才定为官帽。《新唐书·车服制》记载乌纱帽在官员们上朝和宴请宾客时戴,平时在家不必戴,颇类似于今天的某些行业着装。

最早的纱帽并非全是黑色,晋朝时的高筒纱帽,贵族们是用白纱制作,品职低下的官员才用黑纱。到了明朝,朝廷官员才全部都戴乌纱帽。

乌纱帽起初是用藤编织,以草茎为里,纱为表,再涂上漆。后来官员用乌纱帽时,由于纱经过涂漆后坚固而又轻便,于是去掉藤里不用,又在纱帽上"平施两脚,以铁为之",也就是帽子两侧伸出两只帽翅。

这两只帽翅从宋初开始加上,目的是防止官员们上朝站班时互相交头接耳。如果交头接耳,两只帽翅相触,很可能会把帽子碰掉,皇帝就很容易发现。

到了清朝,乌纱帽虽然不再用,可是"乌纱帽"仍成为人们口头上称呼官员的代名词。

官帽又可以分为朝冠和吉服冠。朝冠,顾名思义是上朝时戴的,吉服冠,是穿着吉服时佩戴的官帽,就是平时官员所戴的帽子。

磻溪伊尹

磻溪①伊尹②，佐时阿衡③。

注释

① 磻溪：指姜太公吕尚。吕尚在磻溪钓鱼，遇文王，拜为太师，辅佐周武王灭商。

② 伊尹：原为有莘氏女的陪嫁奴隶，商汤用为小臣，后来任以国政，辅佐商汤功灭夏桀。

③ 阿衡：商朝官名，相当于宰相。《诗经·商颂·长发》："实维阿衡，左右商王。"则是专指伊尹。

新读

周武王磻溪遇吕尚，尊他为"太公望"；伊尹辅佐时政，商汤王封他为"阿衡"。

太公姜子牙事迹是渭水垂钓，文王访贤的故事。磻溪是在渭水河畔（在今陕西宝鸡附近）的一个溪潭，水旁有一块大石头，姜子牙曾坐在上面钓鱼。伊尹辅佐成汤灭了夏桀，开创了殷商六百年的天下。

诗句

周武王在磻溪岸，姜尚钓鱼钩不弯。
尊为太公奉堂前，成就大业军凯旋。
伊尹辅佐商王汤，封为阿衡好荣光。
竭心尽力理国政，雄才伟略定八方。

> 故事

伊尹辅佐商汤

　　夏朝时期的有莘氏部落有个有莘氏女子采桑时，捡到一个婴儿，并把他交给厨师抚养长大。这个婴儿就是伊尹，后来，商汤与有莘氏部落结好通婚，婴儿作为有莘氏的陪嫁奴隶，当上了商汤家的厨师。

　　伊尹自幼聪明颖慧，志向远大。他不仅掌握了精妙的烹调技术，而且深懂治国之道。有一次，伊尹用天鹅精心制作了一道"鹄羹"。商汤品尝后非常高兴，便向他询问烹饪之术。他说，做菜时要注意咸淡，要讲究选料和火候，只有调味得当，火候恰到好处，菜肴的滋味才佳。然后，他提出治理国家也和做菜一样，既不能太急，也不能松弛懈怠，只有恰到好处才能把事情做好。

　　商汤很受启发，经过多次交谈，商汤发现伊尹不仅是烹饪高手，而且具有治国安邦之才，就任命他为宰相，让他主持政务。

　　商汤总共当了二十九年帝王。伊尹运筹策划，不遗余力地辅佐商汤巩固政权，还制订出君臣之间的关系准则。伊尹一生辅佐了四位商王，以卓越的历史功勋，为商朝的发展开创了基业。他是我国历史上第一个著名的贤相，被尊称为"元圣"。

奄宅曲阜

奄①宅②曲阜，微③旦④孰营⑤。

注释

① 奄：古国名，在曲阜城东，周公之子伯禽受封于此。
② 宅：居处。
③ 微：没有。
④ 旦：周公姬旦。
⑤ 营：经营管理。

新读

周成王占领了古奄国曲阜一带地面，要不是周公旦辅政哪里能成？周公旦，是西周著名的政治家，也是中国传统文化的奠基人和集大成者。他为周朝的建立与巩固，立下了卓绝的功勋。

周朝建立以后不久，武王就病死了，成王姬诵继位。当时成王还很年幼，根本不懂治国之道，只得由他的叔叔，周公旦代成王执政，处理国家大事。周公摄政不久，分封商地的管叔和蔡叔就到处造谣，说周公欺成王年幼，企图篡夺王位。被封在商地的纣王的儿子武庚认为有机可乘，便与管叔、蔡叔等人互相勾结，扯旗造反。在这紧急关头，周公决定亲自率军东征。经过三年的战争，平定了叛乱，武庚、管叔被杀，蔡叔被流放到边远地区。之后继续攻打东方叛乱各国，于是占领奄国，封伯禽于此，成立鲁国。

诗句

能在曲阜安宅院，功劳该归周公旦；
不是周公智勇全，哪有鲁国一地盘。

故事

周公握发吐哺

周公姓姬名旦，周文王的儿子，武王的弟弟。因其采邑在周，爵为上公，故称为周公。武王死后，周成王即位后，周公毅然挺身而出摄行朝政大事。

周公唯恐失去天下贤人，洗一次头时，曾多回握着还未梳理的头发；吃一顿饭时，亦数次吐出口中食物，迫不及待地去接待贤士。

周公还无微不至地关怀年幼的成王，有一次，成王病得厉害，周公很焦急，就剪了自己的指甲沉到大河里，对河神祈祷说："今成王还不懂事，有什么错都是我的。如果要死，就让我死吧。"成王果然病好了。周公摄政七年后，成王已经长大成人，于是周公归政于成王，自己回到大臣的位子。

后来，有人在成王面前进谗言，周公害怕了，就逃到楚地躲避。不久，成王翻阅库府中收藏的文书，发现在自己生病时周公的祷辞，为周公忠心为国的品质感动得流下眼泪，立即派人将周公迎回来。

周公回周以后，仍忠心为王朝操劳。周公辅佐武王、成王，为周王朝的建立和巩固作出了重大贡献。

特别是他在受成王冤屈以后，仍然忠心耿耿，为周王朝的发展呕心沥血，直至逝世，终天下大治。

周公临终时要求把他葬在成周，以明不离开成王的意思。成王心怀谦让，把他葬在毕邑，在文王墓的旁边，以示对周公的无比尊重。

桓公匡合

桓公[1]匡[2]合，济弱扶倾[3]。

注释

[1] 桓公：齐桓公。

[2] 匡：正，纠正，端正。

[3] 倾：歪斜，倒塌。

新读

齐桓公九次会合诸侯，出兵援助势单力薄和面临危亡的诸侯小国。齐桓公姓姜，名小白，用管仲当宰相发展经济、富国强兵。齐国临海，于是就晒盐捕鱼，又发展商业，使齐国成为第一经济强国。

"桓公匡合"中的匡是匡正，合是汇合。齐桓公匡正天下之乱，汇合各路诸侯。《论语》里记载："桓公九合诸侯，一匡天下。"九次召开诸侯大会，就是"济弱扶倾"，要帮助救济弱小的国家，要扶植将要倾覆的周王室。周朝到了末期已经是名存实亡了，虽然如此，这杆大旗还是要举着，所以要扶倾。

齐桓公并没有说空话，他北伐山戎以救燕国，平定狄乱以助邢国、卫国，曾解周王室之祸，定周襄王之位。

公元前656年，齐桓公率鲁、宋等征伐南方的楚国，迫使楚国订定了盟约，阻止了楚国的北进。齐桓公在位43年，先后纠合诸侯26次，真正是匡合天下、济弱扶倾。

诗句

桓公九次结诸侯，救济弱国策英名；
周家王室得扶持，春秋一霸大业成。

故事

老马识途

公元前663年，北方的山戎国，在今河北省东北部，侵略燕国。燕国的国君向齐国求救，齐国的国君齐桓公亲自率领大军前去援救。

齐桓公的军队赶到燕国时，山戎国的军队已经带着掠夺的财物，逃到东部的孤竹国去了。齐桓公命令军队继续追击敌人。

山戎国和孤竹国的军队听说齐国的军队打来了，就吓得躲进了深山荒林中。齐桓公就顺着敌人的踪迹攻进深山。最后，把敌人的军队打得四散而逃。齐桓公取得了胜利，并把敌人掠走的财物又夺了回来。

当他们要返回齐国时，却发现他们迷了路。因为齐军来的时候是春天，山青水绿，道路容易辨认。而返回去时已是冬天，山野白雪皑皑，山路弯曲多变。所以，走着走着就辨不清方向了。

这时，齐桓公手下的谋士管仲猛然想起老马大多认识归途，便对齐桓公说："老马识途，无终国的马很多是从山戎弄来的，不如挑选几匹无终国的老马，让它们在前边走，兴许可以找到出去的路。"

齐桓公虽然将信将疑，但又没有别的办法，就同意试一试。于是管仲挑了几匹老马，让它们在前边走，大队人马跟在后头。几匹老马不慌不忙地走着，果然走出了迷谷，回到了原来的路上。

大家死里逃生，都佩服管仲足智多谋。从此，"老马识途"也成为一句广为流传的成语。

绮回汉惠

绮①回汉惠，说②感武丁。
俊乂③密勿④，多士寔⑤宁⑥。

注释

① 绮：绮里季，商山四皓之一。汉代初年，汉高祖刘邦想废除太子刘盈，立赵王如意为太子。刘盈的母亲吕后听从张良的计谋，把在商山隐居的四位德高望重的老人请出来辅佐刘盈。刘邦看到这种情况，认为刘盈已有很多高人帮助，羽翼已成，就打消了另立太子的念头。

② 说：傅说。傅说原是在傅岩搞打墙的奴隶，殷高宗武丁梦见了他，便画像访求，找到以后，用为宰相。

③ 俊乂（yì）：德才出众的人。乂：治理，安定。

④ 密勿：勤劳谨慎。

⑤ 寔（shí）：同实。

⑥ 寔宁：安定。

新读

汉惠帝做太子时靠绮里季才幸免废黜，商君武丁感梦而得贤相。能人治政勤勉努力，全靠许多这样的贤士，国家才富强安宁。

诗句

汉室惠帝在当年，身为太子险罢黜；
多亏依靠绮里季，化险为夷天下服；
武丁梦中得傅说，一代贤相多奇谋；
都是英才勤努力，国家安宁百业图。

故事

四贤士保太子

西汉时,东园公、绮里季、夏黄公、甪里先生史称"商山四皓"。这四位饱学之士为避秦乱而结茅山林,隐居山中,为人们所敬仰。

高祖刘邦仰慕四皓之名,曾经派人召请,他们避不应召。高祖晚年,准备废太子刘盈,另立宠姬戚夫人子赵王如意,大臣力劝不从,吕后听从张良的计谋,把在商山隐居的四位德高望重的老人请出来辅佐刘盈。

公元前196年,淮南王英布反。高祖有病在身,打算让太子率兵出征。四皓向吕泽陈述利弊说:"太子将兵,有功无级可晋,无功大祸就要临头。况且太子率领的都是高祖定天下的名将,这无异以羊将狼,怎能取得成功呢?何不速请吕后趁机向高祖哭谏,由高祖自将讨伐。"经吕后劝谏,高祖带病亲自出征。

第二年,高祖打败英布归来,病情加重,想早一点换太子。一次,宫廷举行盛大宴会,太子刘盈侍立于侧,四皓侍立太子左右,庄重威严。高祖看见非常诧异,问道:"你们是什么人?"四皓一一报了姓名。高祖大惊,说道:"我几番召请,诸公避而不见,今诸公为何追随我儿。"四皓答道:"陛下轻视士人,臣等不愿受辱,逃避深山。闻听太子仁孝,恭敬爱士,天下人莫不引颈乐为效力,故臣前来。"高祖也就打消了更换太子的念头。

后来,刘盈即皇帝位,四皓拒受封赏,再次隐居山中。

晋楚更霸

晋楚更霸，赵魏困横[1]。

注释

[1] 横：连横。战国时，苏秦说六国联合拒秦，史称"合纵"。张仪主和拆散合纵，使六国一个个服从秦国，称为"连横"。由于连横，秦国采取远交近攻政策，首先打击赵、魏，所以说"赵魏困横"。

新读

晋、楚两国在齐之后称霸，赵、魏两国因连横而受困于秦。

五霸的头一名是齐桓公，第二位是晋文公了。孔子对这两位的评价是："晋文公谲而不正，齐桓公正而不谲。"晋文公的经历非常坎坷，因家庭变故在外流浪十九年，饱尝人间冷暖。所以他的为人处世，用诡诈计谋的时候多，谲就是诡诈。齐桓公就不是这样，世家贵族出身，为人处世都有绅士的派头。

"赵魏困横"讲的是战国时期著名的说客苏秦、张仪所实行的合纵和连横的策略。苏秦、张仪与孙膑、庞涓都是战国时代人，同是鬼谷子王诩的学生。苏秦第一次的游说失败，回来后"头悬梁，锥刺骨"苦读姜太公的《阴符经》，研究三略六韬等谋略学，一年以后再次出山。这次他改变策略，先从弱小的国家开始游说，先说动了赵王、燕王，燕国提供他全部活动经费。最后连南方的楚国也被说动，结果是"并相六国"，佩戴着六国相印。

诗句

春秋时期都争雄，晋楚先后霸主称；
战国张仪搞连横，赵魏两国遭困境。

故事

绝缨之宴

春秋时期,各个诸侯国战乱不断。楚庄王依靠名将养由基平定叛乱后大宴群臣,宠姬嫔妃也统统出席助兴,直到黄昏仍未尽兴。

楚王便命令点烛夜宴,还特别叫最宠爱的两位美人许姬和麦姬轮流向文臣武将们敬酒。忽然一阵疾风吹过,筵席上的蜡烛都被熄灭。这时一位官员斗胆拉住了许姬的手,拉扯中,许姬撕断衣袖得以挣脱,并扯下了那人帽子上的缨带。许姬回到楚庄王面前告状,让楚王点亮蜡烛后查看众人的帽缨,以便找出刚才无礼之人。

楚庄王听完,却传令说:"寡人今日设宴,与诸位定要尽欢而散。现请诸位都去掉帽缨,以便更加尽兴饮酒。"听楚庄王这样说,大家都把帽缨取下,这才点上蜡烛,君臣尽兴而散。

七年后,楚庄王伐郑。一名战将主动率领部下先行开路。这员战将所到之处拼力死战,大败敌军,直杀到郑国国都之前。战后楚庄王论功行赏,才知他叫唐狡。他表示不要赏赐,坦承七年前宴会上无礼之人就是自己,今日此举全为报七年前不究之恩。

楚庄王能够成为"春秋五霸"之一,与其心胸开阔、知人善任不无关系。假如没有绝缨宴,也许唐狡早就被处死了,楚国伐郑就不一定能胜,楚庄王的春秋大业也就不一定能够成就了。

假途灭虢

假途灭虢[1]，践土[2]会盟。

> 注释

[1] 假途灭虢：出自《左传·僖公五年》。假，借。虢，春秋时的虢国。
[2] 践土：春秋时郑国的一处地名。

> 新读

晋献公向虞国借路去消灭虢国；晋文公在践土与诸侯会盟，推为盟主。

> 诗句

献公虞国借路行，消灭虢国露芒锋；
回师途中又除虞，一箭双雕显神通；
文公践土大会盟，得坐盟主好威风。

故事

假途灭虢

春秋初期，位处中原地带的晋国不断兼并征服小国，势力迅速崛起。晋献公在位期间，又把其南面的两个小国——虢国和虞国预定为吞并的目标。可是，晋国要顺利实现这一目的也不是那么容易的。

后来，晋国大夫荀息想出了一条一箭双雕的妙计：即用厚礼贿赂收买虞公，拆散虢、虞之间的同盟，向虞国借路攻打虢国，待虞国中计、虢国败亡后再图后举。

不久，荀息携带良马、美玉等奇珍异宝出使虞国。到了那里后，晋见虞公，献上珍宝，并向虞公正式提出借路攻打虢国的要求。虞公贪利收下了良马、美玉，便应允了，并表示愿意出兵协助晋国作战。

公元前658年夏，荀息统率晋国军队通过虞国的土地去攻打虢国，虞公派出军队同晋军会师，然后协同晋军展开军事行动。晋军在虞军的积极配合下，很快攻占了虢国的下阳，一举控制了虢、虞之间的战略要地。

时隔三年，晋献公又一次向虞国提出了借路讨伐虢国的要求。这时虞国大夫宫之奇透彻地看清了"假道"背后所包藏的险恶用心，并劝阻虞公。可是虞公利欲熏心，根本不采纳宫之奇的建议，反而以晋为自己的同姓国，必不会害己为理由，又答应了晋国借道的要求。宫之奇见虞国灭亡近在旦夕，为避祸计，便率领族人逃离了虞国。

这次晋献公亲自统军借道虞国攻打虢国，声势远较前一次为大，可见其志在必得。晋军进展迅速，虢国弱小无援，数个月后被晋军所灭，虢公仓皇逃走。晋军随即凯旋回师，行经虞地驻扎时，即乘其不备发动突然袭击，生俘虞公，轻而易举地灭亡了虞国，最终达到了吞并两国的目的。

何遵约法

何❶遵约法,韩❷弊❸烦刑。

> 注释

❶何:萧何,汉高祖丞相。《史记·萧相国世家》说他"以文无害"、"奉法顺流"。

《汉书·刑法志》说他收拾秦法,"取其宜于时者,作律九章"。这是说萧何轻刑简法。

❷韩:韩非。《史记·老庄申韩列传》说李斯、姚贾毁谤韩非,劝始皇"以过法诛之"。过法、烦刑,都指苛刻的刑法。

❸弊:作法自困。

> 新读

萧何遵循简约刑法的精神制订九律,韩非却受困于自己所主张的严酷刑法。

> 诗句

萧何遵守简约法,辅佐刘邦王位登;
秦国韩非用严律,自食其果遭酷刑。

萧何举荐韩信为将

韩信是古淮阴人,即今江苏省淮安市人,西汉开国名将,汉初三杰之一,据传为尉缭子高徒。韩信的一生,在为大汉打天下时,留下了许多著名战例和计谋。

韩信出身于平民,项梁死后,他在项羽手下当侍卫官。因为项羽不采纳他的计策,他又投靠刘邦。

刘邦也没有看出韩信有什么才能,只让他当个负责接待宾客的小官。

萧何知道韩信是个能够统领千军万马的军事奇才,多次向刘邦推荐,刘邦还是不重用韩信。韩信感到很失望,就逃走了。

韩信走后不久,即有人向萧何报告了这一消息。萧何闻听,顿时焦急万分,未向汉王刘邦禀告,便亲自纵马连夜追赶。韩信也因此回心转意,同萧何返回军营。

刘邦听说后很不以为然,说:"有那么多将士逃走了你都不追,为什么韩信跑了你要把他追回来?"萧何说韩信是难得的人才。

刘邦是胸怀大志的人,于是,他就同意让韩信当个将军。

萧何说:"只让他当将军,肯定还是留不住他。"

刘邦就说:"那就拜他为大将军吧!"

韩信被刘邦重用以后,为刘邦操练兵马,出谋划策,南征北战,为刘邦战胜项羽和建立汉朝立下了大功,刘邦把他封为楚王。

起翦颇牧

起^❶翦^❷颇^❸牧^❹，用军最精。

宣威沙漠，驰誉丹青。

注释

❶ 起：白起。白起是战国第一名将，有战神之称，秦国郿县人，今陕西眉县东人。十六岁从军，历经七十余战，从无败绩，是秦国的军事史上非常重要的人物，后受封武安君。白起一生共歼灭六国军队约165万，故六国之兵闻白起之名而胆寒。

❷ 翦：王翦。关中频阳县人，今陕西富平县人，曾率军破赵国都城邯郸，消灭燕、赵等国。最后又以秦国的优势兵力灭了楚国，对秦始皇灭六国，统一天下起了很大的作用。

❸ 颇：廉颇。

❹ 牧：李牧。

新读

秦将白起、王翦，赵将廉颇、李牧，带兵打仗最为高明。

他们的声威远传到沙漠边地，美誉和画像一起流芳后代。

诗句

白起王翦秦名将，廉颇李牧赵精英；

带兵打仗最高明，闻风丧胆敌人惊；

声威远传大漠边，永垂青史留美名。

故事

秦赵长平大战

公元前260年，秦国大将王龁率军攻打上党郡，赵国名将廉颇带领20万大军救援。两军在长平关对峙。秦强赵弱，于是廉颇采取了坚守不出的策略。这样僵持了数月，秦军无法突破。

秦相国范雎派人携带重金去赵国进行离间活动，散布谣言说："廉颇年老了，不敢出战。秦国最害怕的是年轻有为的赵括，如果由他指挥赵军，秦军早就被打垮了。"赵王听到这种议论，便派赵括为统帅赵军的大将。

秦王见范雎的离间计得逞，便命令白起为上将军，王龁为尉裨将，指挥秦军相机与赵军决战，同时严令军中不得泄露白起统军的情况，违者斩首，绝不留情。

赵括来到前线，亲率主力主动出击秦军。白起分析了当时两军所处地理位置，决定采取先将赵军主力引诱出城，然后再聚歼的方针。

交战之初，赵括中计，被包围在旷野之上，粮草殆尽，又无援兵前来解围，已经疲惫不堪了。赵括见事已如此，只好将赵军分为四个部分，企图突围出去，但几次冲杀，均未奏效。赵括最后亲率数千人马强行突围，结果被乱箭射死，赵军迅速土崩瓦解。赵国40万大军投降后，被白起在长平活埋了。

九州禹迹

九州禹[1]迹，百郡秦并[2]。
岳宗泰岱[3]，禅主云亭。

注释

[1] 禹：大禹是我国历史上"推位让国"禅让制度的最后一位受益人，禹以后开始了"夏传子，家天下"的历史。但这并不是禹的错，实在是除了禹的儿子启，再也找不到更合适的接班人了；而且启是大家推选上来的，不是禹自己定的。

[2] 百郡秦并：秦始皇统一中国以后，将天下分为36郡，刘邦建立汉朝以后又将天下分为103郡，取个整数说，就是百郡。汉朝的百郡是在秦灭六国、并土地的基础上而来的，所以叫做"百郡秦并"。

[3] 岱：泰山的别称。也叫"岱宗""岱岳"。

新读

九州处处留有大禹治水的足迹，全国各郡在秦并六国后归于统一。五岳中人们最尊崇东岳泰山，历代帝王都在云山和亭山主持禅礼。

诗句

大禹治水千古奇，九州大地遍足迹；
秦灭六国始皇帝，全国各郡归统一。
五岳之尊是泰岱，云山亭山帝封禅；
刻碑立传丰功载，中华上下五千年。

故事

秦始皇统一中国

秦国成为七国中最强大的国家时，所统治的地方，不仅囊括了西半部的大半个中国，还深入到中原地区。韩和魏两国也处于秦国的三面包围之中，这时秦国兼并六国的客观条件已经成熟。

公元前230年，秦王向东方六国展开了大规模的进攻。很快，弱小的韩国被灭。第二年，秦王又派出老将王翦率领几十万大军去进攻赵国。赵王迁只好向秦国投降。王翦又率大军北上去攻打燕国。燕国的太子丹派荆轲去刺杀秦王未成后，于公元前226年迁都到辽东。

公元前225年，王翦的儿子王贲领兵攻破魏都大梁，灭了魏国。公元前223年，王翦率军60万攻占了楚国都城寿春，灭了楚国。与此同时，秦王陆续派兵去平定魏地和燕地。公元前222年，王贲又率军远征辽东，俘虏了燕王喜。接着，又回师攻代，俘虏了代王嘉。至此，燕、赵两国彻底灭亡。公元前221年，王贲率军进入齐国都城临淄，齐国没有抵抗，就向秦军投降。

这样，秦王嬴政从公元前230年至公元前221年，用了10年时间，先后兼并了韩、魏、燕、赵、楚、齐等六国，建立了我国历史上第一个统一的多民族的封建中央集权国家。秦王嬴政统一六国后，自称"始皇帝"，后人称他为秦始皇。秦始皇还统一了货币、度量衡和文字。

雁门紫塞

雁门①紫塞②，鸡田③赤城。
昆池④碣石⑤，钜野⑥洞庭。

注释

① 雁门：雁门关。
② 紫塞：北方边塞，这里指长城。因秦代修长城的土多是紫色，所以称紫塞。
③ 鸡田：西北塞外地名。
④ 昆池：即昆明滇池。
⑤ 碣石：河北乐亭县东，今沉入渤海。
⑥ 钜野：古湖泽名。在今山东省巨野县北。

新读

名关有北疆雁门，要塞有万里长城，驿站有边地鸡田，奇山有天台赤城。
赏池赴昆明滇池，观海临河北碣石，看泽去山东钜野，望湖上湖南洞庭。

诗句

雁门关隘北疆边，万里长城锁云烟。
边关驿站有鸡田，奇峰天台赤城山。
昆明滇池赏丽影，河北碣石把海观。
山东钜野看泽潭，洞庭湖水碧波连。

故事

昆明滇池的传说

很久以前，昆明一带没有湖泊，也没有小溪，土地贫瘠，成千上万顷土地都是靠天吃饭。不知道从何时起，这里再也不下一滴雨，田地干裂荒芜。

一个年轻的猎手，为了寻找水源，告别了新婚的妻子。翻山越岭，历尽长途跋涉，终于来到东海，看见一望无际的海水，心中万分喜悦，但是很快却陷入了烦恼之中——怎样把水运回家乡呢？

一天，猎手正在海岸惆怅，突然一只老鹰从水面叼起一条小红鱼，猎手迅速举箭射下老鹰，救了小红鱼。没有想到这小红鱼就是东海龙王的三公主，龙王看猎手英俊善良，想把三公主嫁给他。

年轻的猎手执意不肯，龙王就把他变成了一条小黄龙。小黄龙忘不了对家乡和妻子的思念，一天，他趁龙王不备，放开量喝足了东海的水，悄悄飞回了昆明。然而，妻子因为思念过度死了，化作睡美人山。

小黄龙悲痛欲绝，他吐完东海的水后，撞山而死。吐出的东海水浩浩荡荡，汇成了今天的滇池，有了滇池的水，万物便有了生机，昆明因此变得富饶而美丽。

旷远绵邈

旷远①绵邈②，岩③岫④杳⑤冥⑥。

注释

① 旷远：幅员辽阔，没有边际。
② 绵邈：是连绵遥远的样子。
③ 岩：岩石，代表高山。
④ 岫：岩洞、山穴，代表山谷。
⑤ 杳：幽深。
⑥ 冥：昏暗。

新读

江河湖海宽广无边。名山奇谷幽深秀丽。

旷远绵邈，岩岫杳冥，这两句话描写我们祖国疆域辽阔，连绵遥远，山高峻而谷幽深，景致千奇百怪，变化莫测。同时也暗含着赞美我国历史悠久，人文荟萃，诸子百家，蔚为大观。

诗句

祖国幅员而辽阔，源远流长江河湾。
一望无际浪涛天，五湖四海纳百川。
名山奇峰多险峻，风光无限谷幽远。

故事

依山傍险的雁门关

雁门关又名西陉关，位于我国山西省忻州市代县县城以北约20千米处的雁门山中，是长城上的重要关隘，与宁武关、偏关合称为"外三关"。据史料记载，宁武关于公元1467年建成，为万里长城上重要关隘，素有"北屏大同，南扼太原，西应偏关，东援雁门"的战略作用。

"天下九塞，雁门为首"雄关依山傍险，高踞勾注山上。东西两翼，山峦起伏。山脊长城，其势蜿蜒，东走平型关、紫荆关和倒马关，直抵幽燕，连接瀚海；西去轩岗口、宁武关和偏头关至黄河边。

关有东、西二门，皆以巨砖叠砌，过雁穿云，气度轩昂，门额分别雕嵌"天险"、"地利"两匾。

东西两门上曾建有城楼，巍然凌空。内塑杨家将群像，并在东城门外，为李牧建祠立碑。可惜城楼与李牧祠，均在日寇侵华时焚于一旦。

但唐代诗人李贺的《雁门太守行》，仍写出了雄关的豪迈气势："黑云压城城欲摧，甲光向日金鳞开。角声满天秋色里，塞上燕脂凝夜紫。半卷红旗临易水，霜重鼓寒声不起。报君黄金台上意，提携玉龙为君死。"流传至今。

治本于农

治本于农，务兹稼穑[1]。
俶载南亩[2]，我艺[3]黍稷[4]。
税[5]熟贡[6]新，劝赏黜陟[7]。

注释

[1] 稼穑：种植和收割。泛指农业劳动。
[2] 俶：开始。载：从事。南亩：泛指田地。
[3] 艺：种植。
[4] 黍稷：黍，指植物名。亦称"稷"、"糜子"；稷，植物名。我国古老的食用作物，即粟。一说为不黏的黍。又说为高粱。
[5] 税：税收。
[6] 贡：纳贡。
[7] 黜：贬职，罢免。陟：晋升、奖励。

新读

治国的根本在于发展农业，要努力做好播种收获这些农活。

一年的农活该开始干起来了，我种上谷子，又种上高粱。收获季节，用刚熟的新谷交纳税粮，官府应按农户的贡献大小给予奖励或处罚。

诗句

治国之本在农业，耕种收获务必做。
一年开始就忙活，黍子谷子我都播。
秋收新谷纳税粮，赏罚根据少与多。

故事

共工氏舍身撞山

共工氏姓姜，是炎帝的后代。在那个时候，人类主要从事农业生产，所以对水的利用非常重视。

那时，黄河经常泛滥成灾，共工氏制订了一个计划，把土地高处的土运去垫高低地，这样不仅可以扩大耕种面积，有利于水利灌溉。还可以防止水患。但另一部族首领颛顼不赞成共工氏的做法。于是，两部落发生冲突。

共工氏驾起飞龙，来到半空，猛地一下撞向不周山。霎时间，一声震天巨响，只见不周山被共工氏猛然一撞，整个山体轰隆隆地崩塌下来。

天地之间发生了巨变，天空中，日月星辰都变了位置；大地上，山移动、河变流。原来这不周山是天地之间的支柱，天柱折断，使得系着大地的绳子也崩断了。只见大地向东南方向塌陷，天空向西北方向倾倒。因为天空向西北方向倾倒，日月星辰就每天都从东边升起，向西边降落；因为大地向东南塌陷，大江大河的水就都奔腾向东，流入东边的大海里去。

共工氏英勇的行为得到了人们的尊敬。在他去世后，人们奉他为水师，即司水利之神。他的儿子后土被人们奉为社神，即土地神。后来人们发誓时说"苍天后土在上"，谈的就是他，由此可见人们对他的敬重。

孟轲敦素

孟轲①敦素②，史鱼③秉④直。

注释

① 孟轲：孟子，山东邹城人，字子舆，又字子车、子居。他是我国古代伟大的思想家、教育家，又是战国时期儒家代表人物之一。

② 敦素：敦厚朴素。

③ 史鱼：又名史红，也称史鳅，字子鱼，名佗。卫灵公时任祝史，故称祝佗，负责卫国对社稷神的祭祀。吴延陵季子过卫时，赞史鱼为卫国君子、乃柱石之臣，以正直敢谏著名。

④ 秉：掌握，主持。

新读

孟轲夫子崇尚纯洁，卫国大夫史鱼秉性刚直。"孟轲敦素"的第一重意思是说，孟子崇尚质朴的本色。第二重意思是要我们恪守伦常之理，素位做人。素位就是你的本位，是你做人的本分，我们应该是在什么位置行什么道，在什么山上唱什么歌。越位而行，劳而无功，为智者所不取。

史鱼以正直敢谏闻名，他的君主卫灵公并不是一个贤明的君王，且信用宠臣。当时卫国朝中的群臣都不敢讲话，怕受打击迫害。史鱼就不这样，即便是卫灵公有毛病，他也照说不误。直至临终前，史鱼还是在讲直话，给卫灵公提建议。

诗句

孟子忠厚又质朴，刚直不阿是史鱼。

故事

孟子效孔著书

　　孟子，山东邹城人，名轲，字子舆，又字子车、子居。父名激，母邹氏。孟子远祖是鲁国贵族孟孙氏，后来家道衰微，从鲁国迁居邹国。

　　孟子三岁丧父，孟母艰辛地将他抚养成人。而且孟母对他管束非常严格，其中"孟母三迁"和"孟母断织"等故事，已成为千古美谈，是后世母教之典范。

　　孟子是我国古代伟大的思想家、教育家。战国时期儒家代表人物之一。著有《孟子》一书，属语录体散文集。

　　《孟子》一书是孟子的言论汇编，由孟子及其弟子共同编写而成，记录了孟子的语言、政治观点和政治行动，是儒家经典的著作。

　　孟子师承孔伋，即孔子的孙子。孟子继承并发扬了孔子的思想，成为仅次于孔子的一代儒家宗师，有"亚圣"之称，与孔子并称为"孔孟"。

　　孟子曾仿效孔子，带领门徒游说各国。但不被当时各国所接受，退隐与弟子一起著书。有《孟子》七篇传世：《梁惠王》上下；《公孙丑》上下；《滕文公》上下；《离娄》上下；《万章》上下；《告子》上下；《尽心》上下。

　　孟子的学说出发点为性善论，提出仁政和王道，主张德治。南宋时朱熹将《孟子》与《论语》、《大学》、《中庸》合在一起称为四书。

　　孟子的文章说理畅达，气势充沛并长于论辩。孟子在人性问题上提出性善论。注重的是人性向善，而不是人性本善。

庶几中庸

庶几[1] 中庸[2]，劳[3] 谦[4] 谨[5] 敕[6]。

注释

[1] 庶几：近似，差不多。
[2] 中庸：儒家的一种主张，待人接物采取不偏不倚，调和折中的态度。
[3] 劳：勤劳、勤勉。
[4] 谦：谦虚、谦逊。
[5] 谨：严谨、小心。
[6] 敕：皇帝、帝王自上命下之词，汉以后为帝王命令。这里含有饬和戒的意思。使臣下自觉警醒告诫，在政事上不敢怠惰。顾炎武《金石文字记》："敕者，自上命下之辞。"

新读

做人要尽可能合乎中庸的标准，勤奋、谦逊和谨慎，懂得规劝告诫自己。庶几中庸是差不多近乎中庸了，因为只有敦素、秉直还不够中庸的标准，还有四点要做到。那就是劳、谦、谨、敕。如果我们能保持本性的质朴，保持内心的方正，再做到勤勉、谦逊、谨慎、检点，这才是合格的中庸标准。

诗句

为人且忌出风头，平平淡淡神安逸；
谦虚谨慎出错少，勤劳还要严律己。

故事

史鱼以尸谏君

春秋时期，卫国有位贤人蘧伯玉，为人正直且德才兼备，但卫灵公却不肯重用他。另一位叫弥子瑕的，作风不正派，卫灵公反而委以重任。

史鱼是卫国的一位大臣，看到这种情况，内心很是忧虑，但屡次进谏，卫灵公始终不采纳。后来，史鱼得了重病，将要去世前，将儿子唤了过来，嘱咐他说："我不能够进荐贤德的蘧伯玉而劝退弥子瑕，是我的过失啊！我死后，你将我的尸体放在窗下，这样对我就算完成丧礼了。"

史鱼的儿子听了，不敢不从父命，于是在史鱼去世后，便将尸体移放在窗下。卫灵公前来吊丧时，见到大臣史鱼的尸体，竟然被放置在窗下，如此轻慢不敬，因而责问史鱼的儿子。史鱼的儿子于是将史鱼生前的遗命告诉了卫灵公。

卫灵公听后很惊愕，脸色都变了，说道："这是我的过失啊！"于是马上让史鱼的儿子，将史鱼的尸体按礼仪安放妥当，回去后，重用了蘧伯玉，接着又辞退了弥子瑕。

当孔夫子听到此事后，赞叹地说道："古来有许多敢于直言相谏的人，但到死了便也结束了，未有像史鱼这样的，死了以后，还用自己的尸体来劝谏君王，以自己一片至诚的忠心使君王受到感化，难道称不上是秉直的人吗？"

聆音察理

聆音①察②理③，鉴④貌⑤辨色⑥。

注释

① 聆音：聆是聆听，但聆和听不一样。聆是仔细听，十分专心地听，而听只是一个听的动作。听别人讲话要仔细地听，就是聆音。

② 察：是审察、考察。

③ 理：是话里面的道理，话里面深一层的含义。

④ 鉴：本义是铜镜子，有观察之意，在这里是鉴别的意思。

⑤ 貌：是一个人的容貌和外表，包括了言谈举止、动作表情。"鉴貌辨色"是说，通过观察人的容貌来辨别他内心的活动，因为有其内必有其外，由此发展出中国文化的另一支，就是相学。

⑥ 辨色：辨别脸色。

新读

听别人说话时，要分清是否合理；看别人的面孔，要辨析他的脸色。

诗句

听人说话细品味，分清是否合情理；
与人交往要小心，察言观色定舍取。

故事

诸葛亮教子报国

诸葛亮一生为国为民，克己奉公，为后人树立了楷模。他在五十四岁时给八岁的儿子诸葛瞻写了著名的《诫子书》，这既是诸葛亮一生经历的总结，更是他对子女的要求："夫君子之行，静以修身，俭以养德，非淡泊无以明志，非宁静无以致远。"

诸葛亮告诫子女想要成为有道德修养的人，首先要静心静思，不断修身和自省；要自我约束，不放纵自己，培养高尚的品德和节操。

如果不下苦功学习就不能增长与发扬自己的才干；如果没有坚定不移的意志就不能使学业成功。

纵欲放荡、消极怠慢就不能勉励心志使精神振作；冒险草率、急躁不安就不能陶冶性情使节操高尚。

要实现理想需要不断学习知识，只有静心、刻苦才能学到真知，没有坚定的意志就不能成功。

如果年华与岁月虚度，自愿时日消磨，最终就会像枯枝落叶般一天天衰老下去。这样的人不会为社会所用而有益于社会，只有悲伤地困守在自己的穷家破舍里，到那时再后悔也来不及了。

诸葛亮对子女寄予着厚望，他的子女后来都淡泊名利，忠心报国，为国家社稷做出贡献，这正是宁静、致远的意义和价值所在。

贻厥嘉猷

贻¹厥²嘉³猷⁴，勉其祗⁵植⁶。

注释

1. 贻：遗留。
2. 厥：他的。
3. 嘉：美好的。
4. 猷：计划、谋划。
5. 祗：恭敬。
6. 植：立身于不败之地。

新读

要给人家留下正确高明的忠告或建议，勉励别人谨慎小心地处世立身。"贻厥嘉猷"就是将其美好的谋略遗留下来，指的是祖先要把自己的经验，自己的嘉猷、忠告遗留给子孙后代。

历代先贤都有宝贵的家书、家语遗留下来，例如《了凡四训》、《周公诫子书》、《诸葛亮诫子书》、《曾国藩家书》等等，这些家书、家语早已超越了家族的概念，是我们中华民族的家语，是中国传统文化的一部分，字字都值千金。

"勉其祗植"就是勉励子孙们要谨慎小心地立身处世。

诗句

忠告建议留子孙，沉稳处世别性急。

故事

名士书画救酒坊

  北宋时期有个书画家名叫文同,他的山水墨竹画远近闻名。他在洋州任职时,常有富户豪绅登门求画,但大都被他拒绝了。

  有一天,他出外查访,途经谢村一家黄酒作坊时,一位鬓发皆白的老人朝他点头致意,并热情地请他进屋饮酒。闲聊中,文同得知老人靠酿酒为生,但由于他的酒坊地处小巷深处,很少有人光顾,所以销路不太好,生活也就比较艰难。

  文同知道老人的境遇后,非常同情。饮了老人递上的一杯黄酒后顿觉心清神爽,产生了创作欲望。于是命随从拿出笔墨纸砚,一会儿工夫便作成了一幅墨竹图。

  说来也巧,正当文同要往图上落款之际,他表兄苏东坡也来到这家黄酒作坊。苏东坡看了文同的墨竹图,拍案叫绝。然后从文同手中接过毛笔,又在墨竹图的右下方画了一头黄牛,并写上了一首七言绝句:

> 汉水修竹贱如蓬,
> 斤斧何曾赦箨龙。
> 料得清贫谗太守,
> 渭滨千亩在胸中。

  不久,文同、苏东坡联笔为谢村酒坊的黄酒作画作诗的事传遍了远近各县,人们纷纷前往观赏,一时这里门庭若市,生意兴隆,谢村黄酒名声大振。

省躬讥诫

省①躬②讥③诫，宠④增抗极。

注释

① 省：反省。引申义为自己、自身，反省自身。
② 躬：自身，自己的身体。
③ 讥：讥讽。
④ 宠：恩宠，宠爱。

新读

听到别人的讥讽告诫，要反省自身；备受恩宠的时候不要得意忘形，对抗权尊。

《论语·尧曰》里有两句话"朕躬有罪，无以万方；万方有罪，罪在朕躬"，常被后世帝王引用，是不是真话就很难说了。果真能做到一身担起天下人的，不但自己的错误不推卸责任，百姓或下属的失误，也由我一人来承担。这才是大慈、才是孔子讲的仁，这样的人就是圣人。

"省躬讥诫"就是听到别人的讥讽嘲笑、规劝批评要好好地自我反省，有则改之，无则加勉，不要急赤白脸地分辩。

诗句

听人讥讽与告诫，自我反省找问题；
备受宠爱不忘形，对抗权尊惹祸起。

故事

米芾用心学书

宋代著名书法家米芾少时在私塾里学写字,一天,有位进京赶考的秀才路过他们村,米芾听说这位秀才写得一手好字,就跑去请教。秀才对米芾说:"你要真想跟我学写字,有个条件,必须买我的纸。纸是贵了点。一张五两纹银。"

米芾求学心切,一咬牙从别人那里借来五两银子交给秀才。秀才递给他一张纸说:"回去好好写吧,三天后拿给我看。"回到家,米芾怎么也不敢轻易往上写,只是用没蘸墨汁的笔在书床上划来划去,认真琢磨每个字的间架和笔锋,试图把字一个个印在心里,不知不觉竟入了迷。

三天后,秀才见米芾没去找他,就找上门来。用扇子指着纸说:"好了,琢磨了三天,现在写个字我看看!"米芾这才提笔写了个"永"字。秀才拿过来一看,故意问米芾说:"你为什么三年学字收益不大,三天却能突飞猛进呢?"

米芾低头说:"因为这纸贵,我怕一急写不好浪费了纸,不敢像先前那样随意动笔,而是先用心把字琢磨透了。"

秀才打断他的话说:"写字不能只用手写,更重要的是要用心写,只有做到心领神会,才能写好。"说完,挥笔在米芾写的"永"字后又写了七个字"志不忘,纹银五两",然后从怀中掏出那五两纹银还给米芾,头也不回地走了。米芾一直把这五两纹银放在床头,时刻铭记这位启蒙老师的苦心教诲,后来成了非常有名的大书法家。

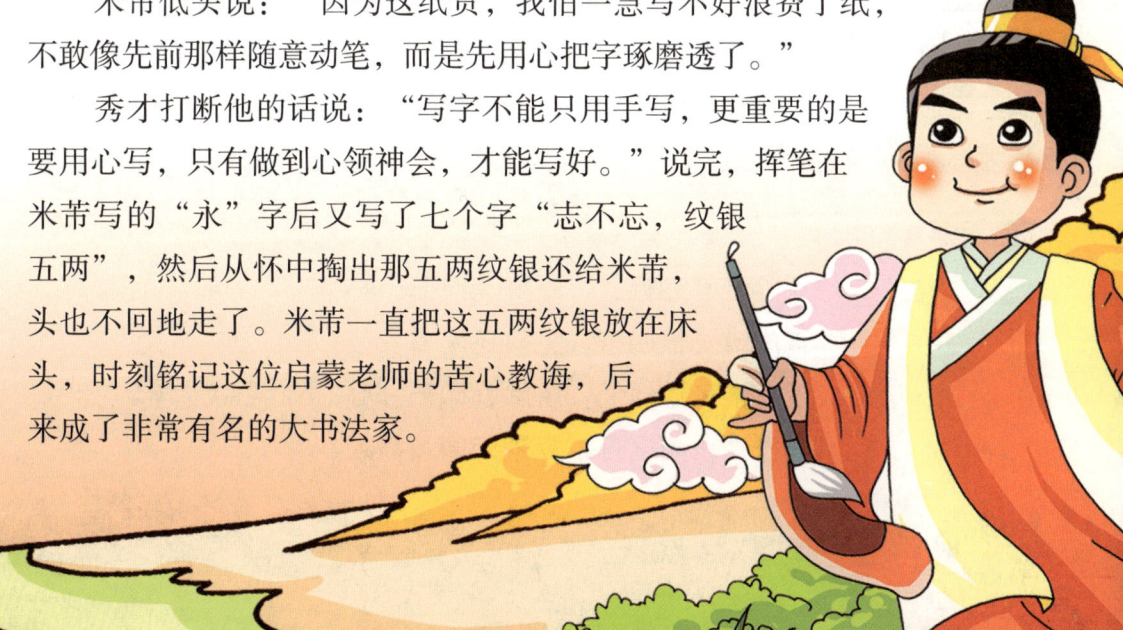

殆辱近耻

殆辱近耻,林皋①幸即。
两疏②见机③,解④组⑤谁逼。
索居⑥闲处,沉默寂寥⑦。

注释

① 皋:水边的高地。
② 两疏:指疏广、疏受叔侄。疏广在汉宣帝时任太傅,其侄疏受任少傅,两人深受恩宠。但他们在位五年,就以疾病为由辞官还乡。
③ 机:时机。
④ 解:解下,归还。
⑤ 组:印绶。
⑥ 索居:离群独居。
⑦ 寂寥:寂寞、清静。

新读

知道有危险的事情要发生,还不如归隐山林为好。疏广疏受预见到危患的苗头才告老还乡,哪里有谁逼他们除下官印?离群独居,悠闲度日,整天不用多费唇舌,清静无为岂不是好事。

诗句

危险耻辱如近身,最好及时归山林;
疏广疏受很明智,见机还家省乡亲;
没有谁来逼他们,解除官印己甘心;
离群独居闲度日,默默无闻清静人。

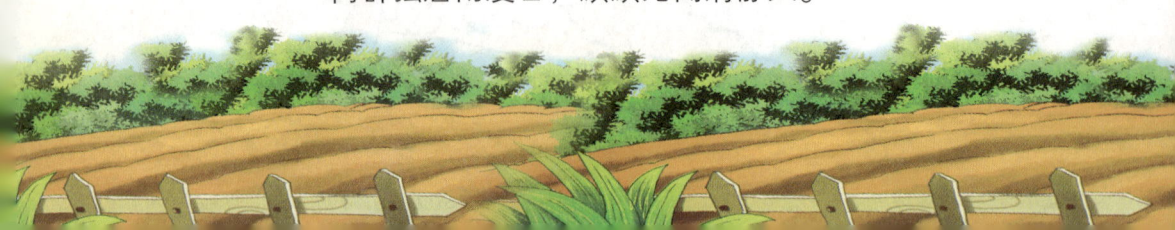

故事

孟浩然山水怡情

唐代孟浩然出生于一个传统的书香门第之家,"家世重儒风",世代读诗和遵礼,总是以"君子以自强不息"为勉。并且孟浩然在词赋方面的造诣很高。

孟浩然是个洁身自好的人,不乐于趋承逢迎。他耿介不随的性格和清白高尚的情操,为当时和后世所倾慕。

在四十岁以前,孟浩然一直在襄阳砚山附近的涧南园过着隐居生活。后来上京投考落第,游吴越后他再度归隐,并投入修炼的生活中。除了晚年在朋友张九龄帐下做过几年官外,他的一生都是在隐居中度过的。

孟浩然特别喜欢山水,游览山水和陶冶性情,是他一生中生活的基本内容,他住的地方左右都是空旷的林野,听不到城里那种喧闹。

他有时候会去林野北边的山涧旁钓一钓鱼,偶尔会打开南面的窗户,也会听一听樵夫们打柴时的"樵唱"。

孟浩然把隐居过程中心里的想法写下来,找那些善于静思的朋友一起讨论。

他过着神仙般的生活,在白云飘浮的山上,自我怡悦,登高望远,心境随着远飞的大雁渐入空寂。

求古寻论

求古寻论❶，散❷虑❸逍遥❹。

注释

❶ 求古寻论：在古书及古人事迹中寻找有见识的高论。

❷ 散：驱散、放逐的意思。

❸ 虑：心中的忧虑、杂念。

❹ 逍遥：自由自在、无拘无束、悠游自得的样子。散虑逍遥就是解除忧虑，逍遥自在地生活。

新读

想想古人的话，翻翻古人的书，消除往日的忧虑，乐得逍遥舒服。

"求古"就是探求古人古事，"寻论"就是读一些至理名言，"求古"和"论今"加起来所获得的结果就是"散虑逍遥"，可以排除杂念，自在逍遥了。这是为什么呢？

因为"鸟随鸾凤飞腾远，人伴贤良品自高"，更何况"德能养性，理能养心"，如能坚持用圣贤之言洗涤自己的心灵，"散虑逍遥"是一定的。

庄子最善于"逍遥游"，所谓逍遥于六合之外，游戏乎太虚之间。上下左右前后为六合，到宇宙之外去逍遥，到形而上的太虚去做神仙，那才是真逍遥、真自在。

诗句

研究古籍读名著，寻求人生哲理深；
忧虑愁苦尽消散，逍遥自在享天伦。

故事

梁鸿夫妇相敬如宾

东汉时期的文学家梁鸿虽然家贫，但他很有道德操守，所以上门提亲的人也很多，但都被他拒绝了。同县一个叫孟光的女子已经三十多岁了，仍然没有出嫁，父母问她原因，她说："要嫁就要嫁给梁鸿那样贤达的人。"梁鸿听说之后就迎娶了她。

孟光过门之后，就将家里内外装饰一新。而梁鸿却接连七天都不搭理她。她于是跪下问梁鸿道："我听说你品行高洁，拒绝过很多求婚的人。如今我有幸被您看中，却不知我做错了什么事，使您从不正眼看我？"

梁鸿说："我想要娶的妻子，是能够穿着粗布衣服，和我一起隐居山中的人。如今，你穿着华丽的绢织衣服，涂脂抹粉，并不是我想要的。"孟光恍然大悟，于是她换上布衣荆钗来见梁鸿。

梁鸿见了高兴，不久，两人迁入霸陵山中，以耕织为业，每日诵读《诗经》、《尚书》，弹琴自娱，过得很快乐。后来夫妻二人又迁到吴地。每次梁鸿从外面回到家中，孟光给他做好饭，总是将盛饭的托盘举到同她眼眉一样高的地方。后来人们都称赞他们夫妻二人真是举案齐眉、相敬如宾啊！

欣奏累遣

欣①奏②累③遣④，戚⑤谢⑥欢⑦招⑧。

注释

① 欣：愉悦。
② 奏：进来。奏的本义为送上、奉献，臣子呈给皇帝的本章称奏章。
③ 累：忧患，危难。心中的牵挂、剪不断理还乱的烦心事。
④ 遣：驱除。排遣、排除。
⑤ 戚：悲戚，忧愁。
⑥ 谢：离开、拒绝的意思。如，花开败了不是叫谢了吗？
⑦ 欢：快乐。
⑧ 招：引来、招致、招募、聚集的意思。

新读

轻松的事凑到一起，费力的事丢在一边，消除不尽的烦恼，得来无限的快乐。

诗句

轻松快乐凑一块，累心之事抛烟云；
无尽烦恼全丢掉，无限欢乐满我心。

故事

韩娥歌声余音绕梁

我国古时候有一位善歌者韩娥，韩国人。一次，因为一路饥饿，缺少粮食已好几日了，于是在齐国临淄城西南门卖唱求食。

韩娥声音清脆嘹亮，婉转悠扬，十分动人。这次演唱，轰动全城。唱完以后，听众还聚在雍门，徘徊留恋，不愿散去。

三天以后，人们还听到她的歌声的余音在房梁间缭绕，人们都说韩娥之歌是"余音绕梁，三日不绝"。

韩娥投宿一家旅店，因为贫困，韩娥遭到了旅店主人的侮辱，韩娥伤心透了，"曼声哀哭"而去。声音是那么悲凉，凡是听到她歌声的人都觉得好像沉浸在哀怨里。

一时间，"老幼悲愁，垂泪相对，三日不食"，旅店主人只好又把她请回来唱一首欢乐愉快的歌曲。韩娥"复为曼声长歌"，众人闻之"喜跃抃舞，弗能自禁"，气氛顿时欢悦起来，把此前的悲愁全忘了。其歌声之动人，乃至于此。

因此后世就有了"余音绕梁"、"绕梁三日"的成语典故，以形容美妙的歌声和音乐的魅力。

孔子闻《韶》乐"三月不知肉味"，韩娥善唱余音竟能绕梁三日，音乐的力量实在是令人无法想象的。

渠荷的历

渠¹荷²的历³，园莽⁴抽条⁵。
枇杷晚翠⁶，梧桐蚤⁷凋⁸。

注释

① 渠：池塘，水渠。
② 荷：荷花。
③ 的历：光彩烂灼的样子。
④ 莽：杂草。
⑤ 抽条：生芽。
⑥ 翠：绿色，翠绿。
⑦ 蚤：通"早"，指月初或早晨。
⑧ 凋：叶落。

新读

池里的荷花开得光润鲜艳，园中的草木抽出条条嫩枝。
枇杷至岁晚还是苍翠欲滴，梧桐刚交秋就早早地凋谢。

诗句

满池荷花开得艳，园中草木抽新枝；
冬日枇杷仍苍翠，秋天梧桐已凋萎。

故事

杨柳荷花生死相伴

古时候，大明湖畔生活着一对男女，男的叫杨柳，女的叫荷花。他们青梅竹马，两小无猜，是天生一对。

谁知天有不测风云！湖畔有一个官宦人家的恶少，他早已垂涎荷花的美貌，生出歹心。

一天，恶少趁荷花家中无人，便带人去了荷花家，想把荷花抢走。荷花一个弱小女子怎敌得过恶少一行人的打抢，不一会就被恶少捆绑了起来，带走了，荷花不停地哭喊着杨柳的名字。

当杨柳闻讯，追来搭救。恶少竟然指使家丁把杨柳杀死了，杨柳心怀仇恨地倒在了大明湖畔。荷花见杨柳被恶少杀死，悲痛欲绝，她挣开强人，投身跳入湖中，殉情自尽了。

不久之后，人们看见在大明湖畔杨柳被害的地方，生出了许多茁壮的柳林；在湖中荷花自尽的地方，生出了许多艳丽的红荷。柳枝拂水，向着荷花点头；红荷挺立朝着柳枝传情。

于是湖畔的人们就说：这是杨柳和荷花的化身啊！他们活着不能结合，死后终于可以日日厮守相聚在一起了。

陈根委翳

陈根委翳[1]，落叶飘摇。
游鹍[2]独运，凌[3]摩[4]绛[5]霄。

注释

[1] 翳：遮蔽，掩盖。
[2] 鹍：鹍鹏。
[3] 凌：向上升高。
[4] 摩：迫近、接近，如摩天大楼。
[5] 绛：紫红色，绛霄是紫红色的云气，又叫紫霄。"凌摩绛霄"的意思就是高飞接天，直冲九霄。

新读

陈根老树枯萎倒伏，落叶在秋风里四处飘荡。
寒秋之中，鹍鹏独自高飞，直冲布满彩霞的云霄。
鹍和鹤都喜欢独居，性情孤傲，没有一群鹤在一块的。鹍可以飞得很高，所以这里说游鹍独运，同时也衬托出了君子和而不同，群而不党，处染而不染的操守。

诗句

陈根老树枯倒地，落叶风中四处飞；
鹍鹏翱翔在天空，直冲云霄彩霞红。
大千世界瞬息变，人生喜乐无常间；
莫为世俗多忧虑，悠闲散步田园边。

故事

鲲鹏展翅九万里

在很北很北的北面，有一片大海。海中有一种鱼，它的名字叫鲲。这个鲲很大很大，那个大的程度，说不清楚到底有几千里。

后来这个鲲变成了一只鸟，它的名字叫做鹏。这个鹏很大很大，仅仅只它的脊背，就说不清有几千里。

有一次，这只鹏发了怒，振翅而飞，它的翅膀像是遮住天的乌云。这只鸟在海上飞翔，它是要飞到南海去。所谓南海，也就是人们所说的天池。

《齐谐》，是一部专门记载奇事的志书。其中有这样的记述："大鹏要迁往南海，展开它的翅膀，拍起的浪头高达三千里，盘旋而上，驾着云气，离开海面九万里；它飞行了六个月，才到达南海，歇息了下来。"

当大鹏飞翔在高空时，飘浮在它下面的云气，有时候就像是野马在奔腾；有时候就像是尘埃在卷动；有时候就像是众生的气息在涌动。

人们在地面上向上望它的时候，只见天之苍苍，不知道哪里是它的本色，这是因为它太高远，高得没有极限！大鹏从天上往下俯视，就像是人们从地面向上仰视一样。那是因为它自身飞得太高，以至于它无法看清地面的本色。

耽读玩市

耽①读玩②市③，寓目囊箱④。

注释

① 耽：沉溺，喜欢过度。沉浸、沉恋、入迷了，以至别人叫也听不见。

② 玩：玩耍，欣赏。

③ 市：集市。玩市就是热闹的集市、游玩的场所，相当于现代的购物中心。"耽读玩市"是在嘈杂的市场里还能潜心读书，对外面的一切境界充耳不闻，这个典故说的是东汉学者王充。"寓目囊箱"也是说，在王充眼里只有书囊和书箱，除此而外，视而不见，听而不闻。

④ 囊箱：袋子和箱子，这里是指书袋和书箱。此处引用东汉哲学家王充少年时代的一段轶事。王充少年家贫，无钱买书，他便到市上书店阅读展卖的书。

新读

汉代王充在街市上沉迷留恋于读书，眼睛注视的都是书袋和书箱。

诗句

东汉学者名王充，博学多才著《论衡》，
聪明绝非先天生，全是少年下苦功。
洛阳书市苦钻研，废寝忘食忘归程。
全神贯注不他顾，眼睛注视书箱中。
趁着年少多读书，勤奋上进学王充。

故事

王充著《论衡》

王充，字仲任，东汉著名的唯物论思想家。祖籍魏郡元城，即今河北大名县。王充年轻时游学洛阳，因家境不富，买不起书，便经常到书肆站立着读书，可以过目成诵。

王充出身于"细族孤门"，自幼好学。大约在公元86年至88年期间，王充被扬州刺史董勤征聘，担任九江的刺史府治中从事。不久后，王充便辞官返回故里，以教授学生为生。

后来肃宗特诏公车征，派公车前去征聘王充。然而王充无意于仕途，借口体弱多病推辞任命。

辞官回乡后王充一面教书，一面著书立说。他以毕生心血写下四部哲学巨著：《讥俗》、《政务》、《养性》、《论衡》，但保留下来的只有《论衡》一部。

《论衡》八十五篇，是王充用了三十年心血才完成的，被称为奇书。公元189年蔡邕来到浙江，看到《论衡》一书如获至宝，秘密收藏。蔡邕的友人发现他自浙江回来以后，学问突有大进，猜想他可能得了奇书，便去寻找。果然在他帐间隐蔽处发现了《论衡》一书。蔡邕急忙叮嘱："此书只能你我共读，千万不要外传。"友人读后亦称，此乃奇书也。

易輶攸畏

易①輶②攸③畏④，属耳垣⑤墙⑥。

注释

① 易：轻视。

② 輶：一种轻便的车子。易輶：指掉以轻心，漫不经心。

③ 攸：所。

④ 攸畏：有所畏惧。

⑤ 垣：矮墙，也泛指墙。

⑥ 属耳垣墙：隔墙偷听。

新读

说话最怕旁若无人，毫无禁忌；要留心隔着墙壁有人在贴耳偷听。

从前，有一个好奇心很重的人，他总是喜欢四处打听别人的秘密。知道的秘密太多了。憋在心里真难受。一天他喝了几杯酒，终于忍不住，拉着好朋友，把自己打听到的事情全部说了出来。他哪里想得到，就在墙另一边的隔壁房间里，有人把他说的话都听得清清楚楚。于是没过多久，所有人都知道了他多嘴的坏毛病啦！

诗句

说话最怕旁无人，
毫无顾忌祸伤身。
隔墙有耳要留心，
时时处处应谨慎。

故事

"勤俭"二字分家

从前,在中原的伏牛山下,住着一个叫吴成的农民,他临终前,把一块写有"勤俭"二字的横匾交给两个儿子,告诫他们说:"你们要想一辈子不受饥挨饿,就一定要照这两个字去做。"

后来,兄弟俩分家,将匾一锯两半,老大分得了一个"勤"字,老二分得一个"俭"字。老大把"勤"字高悬家中,每天"日出而作,日落而息",然而他的妻子却过日子大手大脚,孩子们常常将白白的馍馍吃了两口就扔掉,久而久之,家里就没有一点余粮。

老二也把"俭"字供放中堂,他疏于农事,又不肯精耕细作,每年所收获的粮食就不多。尽管一家几口节衣缩食、省吃俭用,毕竟也是难以持久。这一年遇上大旱,老大、老二家中都早已是空空如也。

他俩情急之下扯下字匾,将"勤""俭"二字踩碎在地。这时候,突然有纸条从窗外飞进屋内,兄弟俩连忙拾起一看,上面写道:"只勤不俭,好比端个没底的碗,总也盛不满!""只俭不勤,坐吃山空,一定要挨饿受穷!"

兄弟俩恍然大悟,"勤""俭"两字原来是不能分家的,二者相辅相成,缺一不可。吸取教训以后,他俩将"勤俭持家"四个字贴在自家门上,提醒自己,告诫妻室儿女,身体力行,此后日子过得一天比一天好。

具膳餐饭

具膳①餐饭，适口②充肠。
饱饫③烹④宰⑤，饥厌⑥糟糠⑦。
亲戚故旧，老少异粮。

注释

① 具膳：备办食物。

② 适口：合适的口味。适口是因人而异，因地制宜，没有统一的标准，饮食上的五味是要根据空间和时间来调整的。

③ 饫：同厌，不想吃。

④ 烹：烹调，烧煮。

⑤ 宰：宰杀。

⑥ 厌：同餍，吃饱。

⑦ 糟糠：指粗粮。

新读

安排一日三餐的膳食，要适合各位的口味，能让大家吃饱。饱的时候自然满足于大鱼大肉，饿的时候应当满足于粗菜淡饭。亲属和朋友会面要盛情款待，老人和小孩的食物应和自己不同。

诗句

一日三餐要节俭，可口吃饱就心满。
饱时鱼肉不觉鲜，饿时糟糠味也甜。
亲朋好友诚款待，老人孩子另做餐。

故事

季文子的故事

　　季文子是春秋时代鲁国的贵族、著名的外交家,为官三十多年。他一生俭朴,以节俭为立身的根本,并且要求家人也过俭朴的生活。他穿衣朴素整洁,除了朝服以外没有几件像样的衣服,所乘坐的车马也是极其简单。

　　见他如此节俭,有个叫仲孙它的人劝季文子说:"你身为上卿,德高望重,但听说你在家里不准妻妾穿丝绸衣服,也不用粮食喂马。你自己也不注重容貌服饰,这样不是显得太寒酸,让别国的人笑话您吗?您为什么不改变一下这种生活方式呢?"

　　季文子听后淡然一笑,对那人严肃地说:"我也希望把家里布置得豪华典雅,但是看看我们国家的百姓,还有那么多人吃着粗糙难以下咽的食物,穿着破旧不堪的衣服,还有的人在受冻挨饿,想到这些,我怎能忍心去为自己添置家产呢?如果平民百姓都粗茶敝衣,而我则装扮妻妾,精养粮马,那么,这为官的良心到哪里去了?况且,我听说一个国家的强盛与光荣,只能通过臣民的高洁品行表现出来,并不是以官员拥有美艳的妻妾和精良的骏马来评定的。我又怎能接受你的建议呢!"

　　一番话说得仲孙它满脸羞愧,同时也使得他在内心对季文子更加敬重。此后,他也效仿季文子,十分注重生活的简朴,妻妾只穿用普通布做成的衣服,家里的马匹也只是用谷糠、杂草来喂养。

妾御绩纺

妾[1] 御[2] 绩纺[3]，侍巾帷房[4]。

注释

[1] 妾：女子的泛称。

[2] 御：同驭，使用，掌握、治理、管理的意思，古代上对下的治理叫御。

[3] 绩纺：绩是缉麻，就是把麻纤维披开来搓成线，纺是将丝纤维制成纱或线。

[4] 帷房：内房。古代的房中都有帷幕，床上有慢帐，既可以隔音，又可以保护隐私。布慢在两旁的叫帷，在上的叫幕。

新读

小妾婢女要管理好家务，尽心恭敬地服侍好主人。古人有妻有妾，但妻妾有别，妻只有一个，妾可以有几个。按照《礼记·内则》所下的定义，"聘则为妻，奔则为妾"。明媒正娶的为妻，不依礼法、私自结合，私奔而来的叫妾。帝王尽管有三宫六院七十二嫔妃，但正宫娘娘只有一位。

妻子要总体管理家务，妾就要负责缉麻纺线、织布做鞋一类的工作。妾的另一件工作是"侍巾帷房"，就是要服侍好主人的起居穿戴。侍是服侍，巾是拢发包头的布。先秦时代，男子是十八岁至二十岁行冠礼，戴帽子，表示成人了。秦汉以后，有官职、有禄位的人才可以戴冠，没有功名的白丁只能戴头巾。这里的巾，泛指衣冠。

诗句

夫人婢女管好家，恭恭敬敬进上房。

故事

贤德的长孙皇后

长孙皇后是隋朝右骁卫将军长孙晟的女儿，自幼接受了一整套正统的教育，形成了知书达礼、贤淑温柔和正直善良的品性。

长孙氏十三岁时，便嫁给了当时太原留守李渊的次子，即年方十七岁的李世民为妻。长孙氏年龄虽小，但已能尽行妇道，悉心侍奉公婆，相夫教子，是一个非常称职的小媳妇。

唐高祖武德九年八月，李渊禅位给太子李世民，李世民就成了唐太宗，长孙王妃也随即成为母仪天下的长孙皇后，这就应验了卜卦先生说她"坤载万物"的预言。做了至高无上的皇后之后，长孙氏并不因之而骄矜自傲，她一如既往地保持着贤良恭俭的美德。

对于太上皇李渊，她十分恭敬而细致地侍奉，每天早晚必去请安，时时提醒太上皇身旁的宫女，怎样调节他的生活起居，像一个普通的儿媳那样尽着自己的孝道。长孙皇后只凭着自己的端庄品性，无言地影响和感化了整个后宫的气氛。使得唐太宗不受后宫是非的干扰，能专心致志料理国家大事，难怪唐太宗对她十分敬服呢！

纨扇圆絜

纨[1]扇圆絜[2]，银烛[3]炜煌[4]。

> 注释
>
> [1] 纨：很细的丝织品。
> [2] 絜："洁"之书面语。
> [3] 银烛：银白色的蜡烛。
> [4] 炜煌：光明辉煌。

> 新读

绢制的团扇像满月一样又白又圆，银色的烛台上灯火辉煌。

白色生丝织成帛叫做绢，齐国出产的绢最为有名，叫做纨。古语有称"纨绔子弟"的话，就是说穿着用绢做的裤子，泛指富家子弟衣着华丽。纨扇是女孩子用的白而圆的绢扇，可以在纨扇上面题字、作画。《西游记》里面就有"两路绿杨藏乳燕，行人避暑扇摇纨"的诗句。

绢、绸、缎，统称为帛，我们现代人认为是一样的东西，实际上是完全不同的三种丝织品。绢是厚而疏的生丝织物，绢都是白的，没有染色的，故此女子多用绢取名以示女子的贞洁，名字用娟不用绢。用熟丝密织的帛叫做"锦帛"，其中薄者为绸，厚者为缎。

> 诗句

绢制团扇白又圆，银色烛台火辉煌。

故事

诸葛亮的羽毛扇

相传诸葛亮少年时候放牛，有一只苍鹰老在他头顶盘旋。一天夜里，诸葛亮梦见苍鹰对自己说："你有经天纬地的栋梁之才，我会帮助你的。"

第二天早上醒来，书童告诉诸葛亮，有位老人来访。诸葛亮出门迎接。这位老人博识多学，天文地理，军事兵法，无所不通。诸葛亮向老人提出登门拜师的请求，老人笑而不答，诸葛亮求师心切，想出计策。他砍一根三尺的竹竿，把上面几节打通，在下面最低一道竹竿中间钻个小孔，装进一些石灰。

这一天老人如约而来，诸葛亮美酒相待，老人多喝了几杯，隆中山路不好走，诸葛亮乘机将那根拐棍送给老人。老人拄着竹棍往回走，一步一杆，留下无数个石灰白点。

次日一大早，诸葛亮顺着白点一路寻来。走到一片密林中，小白点没有了。诸葛亮抬头一看，有只苍鹰在树枝上打盹，令他惊疑的是，一颗通红发亮的珠子从苍鹰口中滑出，刚好落在地上，又向上升去，就这样在苍鹰口中一呼一吸，一进一出，像有弹性的绳子系住一般。诸葛亮伸手接住，揣入怀中。

此时苍鹰醒来，对诸葛亮说，我本是隆中山上一只老鹰，已修行五百年，这颗宝珠是智慧之珠，你拥有它就拥有了智慧。此外，我身上的羽毛，你可做成扇子，以后你治国安天下时必有大用。说完，苍鹰双目一闭，从树上栽下，诸葛亮赶紧双手接住。诸葛亮痛哭一场，按苍鹰之言，拔下羽毛做成一把羽毛扇，自此随身不离。

昼眠夕寐

昼眠①夕②寐,蓝笋③象床④。

注释

① 昼眠:指午睡。
② 夕:晚上。
③ 蓝笋:用青竹制的席子。
④ 象床:用象牙装饰的床。

新读

白天小憩,晚上就寝,有青篾编成的竹席和象牙雕屏的床榻。

"蓝笋象床"说的是卧具,有青篾编成的竹席和象牙装饰的床榻。蓝是古代用于染青之草,从中可以提取出青颜色,荀子在《劝学》说过"青,取之于蓝而青于蓝"的话。笋是嫩竹子,用嫩竹篾编的席子既柔软又凉爽,再用蓝草染成青色,是很贵重的。

《书经·顾命》里就有"敷重笋席"的话。象床指的是用象牙装饰的床,床架用硬木雕花镂空,中间镶有象牙和贝壳等装饰品。

诗句

白天午休晚上睡,青竹凉席象牙床。

故事

孟尝君与象牙床

孟尝君出访五国，首先到达楚国的郢都，楚王送给他一张象牙床。郢都有一个将领不愿意去护送象牙床，就去拜访孟尝君的门客公孙戍，说如果让他免掉这个差使，愿以先人宝剑为报。于是，公孙戍去拜见孟尝君。

公孙戍说："五国之所以都把相印交给您，是听说您的道义。五国的君主，都把国事托付给您，是因为敬重您的道义。现在您一到楚国就接受了象牙床，到其他小国，他们又拿什么样的礼物馈赠于您呢？所以臣希望您万不可受人之礼。"孟尝君爽快地答应了。

公孙戍快步退了出去，走到中门，孟尝君又把他叫了回去，问他："你怎么脚步抬得很高，显得意气飞扬，像是有什么令你高兴的事呢？"公孙戍见隐瞒不了，说："我有三件大喜事，又可以得到一柄宝剑呵。"

公孙戍说："您有上百名门客，都不敢劝谏，只有我敢做，这是第一件喜事；您听从了我的劝谏，这是第二喜；我劝谏您从而阻止了您犯过失，这是第三喜。楚国送象牙床，郢都有一个值班的将领不想去，让我阻止这件事，许诺事成之后给我宝剑。"

孟尝君听说了实情，没有恼怒，反而嘉许了他。

弦歌酒宴

弦歌①酒宴,接杯举觞②。
矫③手顿足,悦豫④且康⑤。

注释

① 弦歌:音乐歌舞。
② 觞:酒杯。
③ 矫:高举。
④ 豫:喜欢,快乐。
⑤ 康:安宁。

新读

奏着乐,唱着歌,摆酒开宴;接过酒杯,开怀畅饮。
情不自禁地手舞足蹈,真是又快乐又安康。
古代的酒具分盛酒器和饮酒器,尊、觥、壶是盛酒器,杯、觞、爵则是饮酒的器具。杯是战国以后才有的,最初是木质的,椭圆形两侧有耳,又称耳杯、羽觞。觞是兽角雕刻的,爵则是古代饮酒具的通称,作为专用名称的爵是三条腿的青铜器,下面可以点火,用来温酒、热酒。

诗句

奏乐唱歌设酒宴,推杯换盏饮得欢。
手舞足蹈不自禁,快乐安康笑开颜。

故事

李白醉酒捉月

李白，号青莲居士，人称为酒星魂、酒圣、酒仙。杜甫在《饮中八仙歌》中写李白：

> 李白斗酒诗百篇，
> 长安市上酒家眠。
> 天子呼来不上船，
> 自言臣是酒中仙。

大概没有别的哪个文人与酒的关系之密切和嗜酒的名气之大，能和李白相提并论了！只要翻翻李白的诗集，我们就不难发现他的生活中，几乎无处不有酒。正如郭沫若说的："李白真可以说是生于酒而死于酒。"

关于他的死，还有种种不同的传说，大概都与饮酒有关。其中最富于浪漫主义情调的是，说他喝醉后到采石矶的江中捉月亮落水而死。关于李白醉酒的故事，在我国文学和艺术作品中都得到相当充分的反映。

在我国著名画家的作品中，也有"李白脱靴图"、"李白捉月图"和"太白醉酒图"等。陶塑、瓷塑、泥塑、木雕和牙雕中这样的题材也相当多。

当然，人们尊崇李白，热爱李白，绝不是因为他好喝酒，而是尊敬他傲视权贵的反抗精神和爱慕他的诗才。

嫡后嗣续

嫡①后嗣续，祭祀烝尝②。
稽颡③再拜，悚惧④恐惶⑤。

注释

① 嫡：奴隶社会、封建社会中的正妻。古代宗法制度下，一夫一妻多妾，有妻妾之分。正妻生的孩子，叫嫡出；妾生的孩子，叫庶出。

② 烝尝：古代祭祀用语，冬祭叫烝，秋祭叫尝。《礼记·王制》记载"天子诸侯宗庙之祭，春曰礿，夏曰禘，秋曰尝，冬曰烝。"《说文》郑注："此盖夏殷之祭名，周则春曰祠，夏曰礿。"此以"烝尝"代指四时祭祀。

③ 稽颡：屈膝下拜，以额触地的一种跪拜礼，表示极度的虔诚和感谢。

④ 悚惧：惧怕。

⑤ 恐惶：形容非常小心谨慎以至于害怕不安的样子。

新读

子孙继承了祖先的基业，一年四季的祭祀大礼不能疏忘。
跪着磕头，拜了又拜；礼仪要周全恭敬，诚惶诚恐，还有敬畏之心。

诗句

子孙继承祖基业，每年祭祀不能忘。
磕头跪拜要虔诚，周全恭敬心悲伤。

故事

祭祀羊的传说

　　自古以来，人类的很多祭祀活动中，都少不了羊，关于为什么选择羊，还有一个感人的故事。

　　传说盘古开辟了天地，用身躯造出日月星辰、山川草木。残留在天地间的浊气慢慢化作虫鱼鸟兽，替死寂的世界增添了生气。

　　一天，女娲在原野上行走，她总觉得有一种说不出的寂寞，后来她知道原来是世界缺少一种像她一样的生物。

　　想到这儿，她马上用手在池边挖了些泥土，和上水，照着自己的影子捏了起来，捏好后往地上一放，居然活了起来，接着又捏了许多，后来她就拿着柳枝条到河边随意甩出了很多小泥点，这些小泥点变成了无数个欢快的男女，从此这世上就有了无数的平民百姓。

　　为了与万物和谐相处，人就开始带领着万物不断地改造自然，消灭瘟疫与灾难，瘟神及主管灾难的神就非常不高兴了，他们就猛烈地到处传播瘟疫。人也束手无策，就去求女娲，女娲不得已找到了瘟神和灾难之神，请求他们别再为难世上万物生灵，瘟神和灾难之神最后也答应了，但提出一个要求，就是要人类选一灵物敬供给他们。

　　在女娲的主持下，人类召集百兽万物商讨，看选谁去敬供给瘟神和灾难之神，百兽万物均非常害怕，都不愿意去，在这个时候，一向温顺的羊站了出来，它说与其大家灭绝，不如牺牲自己一个。羊的行为也感动了瘟神和灾难之神，他们许诺，凡有羊出现的地方，他们永远不再涉足，后人为祈求平安、健康、幸福、财富，每有重大活动，都要选一灵羊来祭祀。

笺牒简要

笺[1]牒简要，顾答审详。
骸[2]垢想浴，执热愿凉。

注释

[1] 笺：文书、书信。笺牒是书信的代称，笺是信纸，如便笺、手笺等。牒是古代书写用的木片或竹简，小的叫牒，大的叫册；薄的叫牒，厚的叫牍。笺牒两个字联用代表了书信。

[2] 骸：身体。

新读

给别人写信要简明扼要，回答别人问题要详细周全。

身上有了污垢，就想洗澡，好比手上拿着烫的东西就希望有风把它吹凉。

"笺牒简要"的意思是说：写给他人的书信要简明扼要，不要啰唆。有些人写信就喜欢洋洋洒洒，写上一大篇，真正想说的东西反而被淡化了。

朱元璋当了皇帝以后怀念起当年的小伙伴，想请他们到皇宫来玩玩，就让手下的学士们给写一封信。信写完了，有好几大篇纸。朱元璋一看之乎者也的就火了，说："哪里用得着说这么多废话，他们也看不懂啊！就写两行字，我想你们了，来看看我吧！不就完了嘛！"

诗句

写信简明又扼要，答题全面而周详。
身体脏了想洗澡，手拿热物愿吹凉。

故事

苏东坡书信换羊肉

苏东坡任杭州知州的时候，与当地一个文人韩宗儒是好朋友，两人之间不断有书信往来。韩宗儒的老师姚麟一直很仰慕苏东坡的书法，曾几次托人向苏东坡求字，但都被拒绝了。

因为韩宗儒特别喜欢吃羊肉，姚麟就与宗儒约定：只要韩宗儒能送来苏东坡的亲笔信，就赏他几斤羊肉。不久，这件事被苏东坡的另一位好友知道了，他便跑去取笑苏东坡说："从前，只听说晋代书法家王羲之有过'书成换白鹅'的故事，如今，你的书信也居然能够换羊肉了。"苏东坡听罢，非常惊奇，于是，黄庭坚便把韩宗儒用苏东坡的书信换羊肉吃的事一五一十地讲了一遍。

过了些时日，苏东坡过生日。韩宗儒买了生日礼物，又附了一封贺信，派仆人送往苏轼家中。仆人临行前，韩宗儒还特意叮嘱仆人一定要带苏轼的书信回来。

韩宗儒这次没有能如愿，苏东坡接到礼物后，一点也没有写回信的意思。直到这位仆人要回去了，苏东坡说："回去告诉你家主人，就说今天的羊肉不卖了。"

这位仆人回来后把苏东坡的话原原本本地告诉了韩宗儒，韩宗儒忍不住笑了，他知道自己用书信换羊肉的事已被苏东坡发觉了，便也打趣说："看来以后的羊肉是吃不成了。"

驴骡犊特

驴骡[1] 犊[2] 特，骇跃超骧[3]。
诛[4] 斩贼盗，捕获叛亡。

注释

[1] 骡：骡子。
[2] 犊：小牛，泛指牛。
[3] 骧：马抬起头快跑。
[4] 诛：杀死，铲除。

新读

家里有了灾祸，连牲畜都会受惊，狂蹦乱跳，东奔西跑。对抢劫、偷窃、反叛、逃亡的人要严厉惩罚，该抓的抓，该杀的杀。

小牛为犊，公牛为特，"驴骡犊特"就泛指家中的大小牲畜。这句话的字面意思是：家中的驴子、骡子等大小牲口，惊奔欢跃，东奔西跑。但更深一层的意思是要我们居家谨慎小心，要注意安全。

每每自然灾害发生以前，人的反应远远不及动物灵敏。如果家中的动物忽然像受到惊吓一般，蹦跳不已，要主意是不是有火山、地震之类等灾害要发生了。

诗句

家有灾祸驴骡惊，
东奔西跑狂乱蹦。
对待小偷和强盗，
该抓该杀不留情。

故事

马骡与驴骡的区别

骡子分为马骡和驴骡,由公驴和母马交配所生称为马骡,反过来则称为驴骡。马骡力大无比,是马和驴远远不可相及的;而驴骡则善于奔跑,也是马和驴所无法比拟的。

驴骡像驴,马骡像马,说的当然不只是外表方面,内在品质上它们也是各有特色——驴骡的特点当然是结合了较多驴的优点和一部分马的优点。它不仅耐力很强,力量较大,食量一般。可使用30年左右,脾气当然也不错,性情温顺而倔强。

相比之下马骡更多结合了较多马的优点,当然还会有一部分驴的优点。它的特点是:食量较大,力量很大,耐力很强。性情急躁却很聪明,很能善解人意,不过只可惜仅仅能使用20年左右。山区的村民都喜欢使用驴骡,而相对地势较平坦和小丘陵的农村,则喜欢使用马骡。

布射僚丸

布射僚丸[1]，嵇琴阮啸[2]。

注释

[1] 布射：布，吕布。吕布辕门射戟，为刘备、纪灵和解。僚丸：宜僚抛丸的故事。熊宜僚是楚国人，会一手抛球的绝活儿，类似马戏团小丑扔瓶子、抛火把一类的杂耍。

[2] 嵇琴：嵇康抚琴的故事。嵇康是西晋时的名士，善弹琴赋诗。西晋时有著名的"竹林七贤"，嵇康是其中之一。嵇康精通音乐，著有《琴赋》，善弹奏《广陵散》，相传是一位异士传授给他的。阮啸：阮籍长啸的故事。

新读

吕布擅长射箭，宜僚善用弹丸，嵇康善于弹琴，阮籍能撮口长啸。

阮籍也是竹林七贤之一，常与刘伶等人借酒抒情，发泄不满。相传阮籍曾在苏门山向一道士学习"啸法"。

阮籍听说苏门山有一得道之士，就去访他。道人正在打坐，无论阮籍怎样软磨硬泡，道人也不理他，阮籍无奈只好打道回府了。刚走到半山腰，忽然听山上传来长啸之声，阮籍抬头一看，正是道人引吭高啸，声震山谷。阮籍陡然间听懂了道人的啸声，于是以长啸相和，这就是阮啸的故事。

诗句

吕布擅长射利箭，宜僚巧手弄弹丸。
嵇康善于弹琴弦，阮籍长啸口不凡。

吕布解刘备之围

吕布，字奉先，擅长骑射，号称飞将，闻名于并州；并州刺史丁原用吕布为主簿。董卓入京后，吕布刺死丁原，率其众来投靠。董卓特别高兴，任吕布为骑都尉，随身侍候保卫自己。

然而董卓因小怨欲杀吕布，吕布愤怒，与司徒王允计划杀了董卓。董卓同党李傕等攻打长安，吕布不能抗拒，于是投奔袁绍。但吕布又恃其功劳，使袁绍担心，最后在张邈和陈宫的策划下争夺兖州。

后来袁术率军十万攻打刘备，刘备不能抵挡，形势危急，求救于吕布，吕布慨然同意。吕布召刘备以及袁术代表名将纪灵到帐下赴宴，一开始关羽张飞同纪灵争斗不休，布怒，大喊："取吾画戟来！"

吕布一手提方天画戟，一手提纪灵如一个小孩。纪灵面无人色大叫："将军要杀我吗？"

关羽和张飞都大惊失色，皆不敢复言。吕布又说："众君且观布射戟，若一箭中画戟枝尖，诸公则罢兵言和。若射不中，你们各自回营备兵厮杀。"于是兵士将方天画戟竖于辕门一百五十步外，吕布满饮一杯酒后，起身出帐，张弓搭箭，弓弦响处，画戟应声而倒。众军欢声雷动，关羽张飞皆心服，纪灵瞠目结舌无语而退。这就是历史上著名的辕门射戟。

这次可以说是完全凭借吕布出色的个人武力拯救了刘备。但后来刘备和曹操竟然联军攻打吕布。吕布不幸与陈宫、高顺被害于白门楼。

恬笔伦纸

恬笔伦纸①，钧②巧任③钓。
释纷利俗④，并皆佳妙。

注释

① 恬：蒙恬。伦：蔡伦。
② 钧：马钧，三国时魏国的巧匠，机械制造家，他有很多发明创造，如龙骨水车和指南车等。
③ 任：任公子。又称任父，古代传说中善于钓鱼的人。
④ 释纷利俗：释，解说，消除，排解。纷，纠纷，纷乱。利，方便。俗，俗世。

新读

蒙恬造出毛笔，蔡伦发明造纸，马钧巧制水车，任公子垂钓大鱼。他们的技艺有的解人纠纷，有的方便群众，都高明巧妙，为人称道。

诗句

蒙恬制笔便于书，蔡伦造纸利千古；
马钧机械装水渠，任公做钩钓大鱼；
能工巧匠技艺高，有利万民人称道。

故事

蒙恬与毛笔

蒙恬，姓姬，蒙氏，名恬。秦始皇时期的著名将领，被誉为"中华第一勇士"。汉族，祖籍齐国，山东人。

公元前223年，秦国大将蒙恬带兵在外作战，他都要定期写战报呈送秦王。当时，人们用竹签写字，很不方便，蘸了墨没写几下又要蘸。一天，蒙恬打猎时看见一只兔子的尾巴在地上拖出了血迹，心中不由来了灵感。他立刻剪下一些兔尾毛，插在竹管上，试着用它来写字。可是兔毛油光光的，不吸墨。蒙恬又试了几次，效果还是不好，于是随手把那支"兔毛笔"扔进了门前的石坑里。

过了些天，他无意中看见了那支被自己扔掉的毛笔。捡起来后，他发现湿漉漉的兔毛变得更白了。他将兔毛笔往墨盘里一蘸，兔尾竟变得非常"听话"，写起字来非常流畅。

原来，石坑里的水含有石灰质。经过碱性水的浸泡，兔毛的油脂去掉了，变得柔顺起来，自此蒙恬就用这种毛笔书写公文。

事实上，出土的文物已经证明，毛笔远在蒙恬造笔之前很久就有了。但蒙恬作为毛笔制作工艺的改良者，其功亦不可没。

据说，蒙恬是在出产最好兔毫的赵国中山地区，取其上好的秋兔之毫制笔的。湖北云梦秦墓中出土的三支竹杆毛笔，用竹制笔管，在笔管前端凿孔，将笔头插在孔中，另做一支与笔管等长的竹管做笔套，将毛笔置于笔套之中，再用胶粘牢。

毛施淑姿

毛施淑姿,工颦妍笑。

注释

① 毛:毛嫱。
② 施:西施。《庄子·齐物论》:"毛嫱、西施,人之所美也。"
③ 工:善。
④ 颦:皱眉。
⑤ 妍:美丽。

新读

毛嫱和西施年轻美貌,哪怕皱着眉头,也像美美的微笑。西施姓施,父亲是个打柴的樵夫,因家住施家村的西头,其女故名西施。西施长得很娇美,但有心口疼的毛病,发作起来就手捂心口,皱眉咬唇,样子很俏皮,惹人爱怜。施家村东头有个丑女叫东施,她看"病西施"样子娇美也学着皱眉捂胸,结果更加难看,庄子把她叫做"东施效颦"。

诗句

毛嫱西施美容貌,笑脸俊来愁也俏。
多有文人诗书赞,用尽字句终难描。

故事

西施舍身报国

西施，又称西子，春秋末期越国人。西施世代居住在浙江诸暨苎萝山下苎萝村，即今诸暨市城南浣纱村。她住在西村，人们便叫她西施。西施从小聪明伶俐，长得如花似玉，到十三四岁，美名就传遍了诸暨四乡。

她的父亲以卖柴为生，母亲以浣纱，就是洗衣服为生。西施小时常常帮助母亲浣纱于溪，所以又称浣纱女。西施天生丽质，禀赋绝伦，相传连皱眉抚胸的病态，也为邻女所模仿。

公元前494年，吴越交战，越败于吴，越王勾践被迫屈膝求和，携妻将臣入吴为质三年。勾践归国后，发誓洗刷这奇耻大辱，大夫范蠡改装往诸暨访贤。行至苎萝村，遇到西施。范蠡与之交谈，因西施有忧国之意，遂与共定美人计，一同入吴。西施入吴后，夫差被她迷得神魂颠倒，此后，夫差春秋宿姑苏台，冬夏宿馆娃宫，整天与西施玩花赏月，鸣琴赋诗。

他有时还与西施泛舟采莲，或乘画舫出游，或骑马打猎，总之沉醉于美色，不能自拔。而越国却上下一心，励精图治，十年后终于打败了吴国。

吴亡后，西施随大夫范蠡驾扁舟，泛五湖，不知所终。

年矢每催

年矢[1]每催，曦晖朗曜[2]。

注释

[1] 矢：箭。
[2] 曜：日光、照耀。

新读

青春易逝，岁月催人，只有太阳的光辉永远普照大地。

"年矢每催"的意思，是岁月流逝，每每地催人向老。矢是漏矢，古代的计时工具用孔壶滴漏。

《汉书》记载："孔壶为漏，浮箭为刻"，可见这里的矢为浮箭是没错的。浮箭上有时间刻度，水滴一落，刻箭就上浮，所以叫做"每催"，频频催促，非常形象。水的滴答声，就像现代钟表的"嗒嗒"声一样。

"曦晖朗曜"的意思是，太阳的光辉永远明朗地照耀在空中。曦、晖皆为日光，曦为晨光，早晨的阳光叫晨曦；晖是阳光外面的那层晕开的光圈，朗是明朗，曜是照耀。

诗句

青春易逝时光流，岁月匆匆催人老；
太阳东升又西落，光辉恒长永普照。

> 故事

王羲之练字吃墨

　　王羲之小的时候，练字十分刻苦。据说他练字用坏的毛笔，堆在一起成了一座小山，人们叫做"笔山"。

　　他家的旁边有一个小水池，他常在这水池里洗毛笔和砚台，后来小水池的水都变黑了，人们就把这个小水池叫做"墨池"。

　　长大以后，王羲之的字写得相当好了，还是坚持每天练字。有一天，他聚精会神地在书房练字，连吃饭都忘了。丫环送来了他最爱吃的蒜泥和馍馍，催着他吃，他好像没有听见一样还是埋头写字。

　　丫环没有办法，只好去告诉他的夫人。夫人和丫环来到书房的时候，看见王羲之正拿着一个沾满墨汁的馍馍往嘴里送，弄得满嘴乌黑。她们忍不住笑出了声。

　　原来，王羲之边吃边练字，眼睛还看着字的时候，错把墨汁当成蒜泥蘸了。

　　夫人心疼地对王羲之说："你要保重身体呀！你的字写得很好了，为什么还要这样苦练呢？"

　　王羲之抬起头，回答说："我的字虽然写得不错，可那都是学习前人的写法。我要有自己的写法，自成一体，那就非下苦功夫不可。"

　　经过一段时间的艰苦摸索，王羲之终于写出了一种新字体。大家都称赞他写的字像彩云那样轻松自如，像飞龙那样雄健有力，他也被公认为我国历史上杰出的书法家之一。

璇玑悬斡

璇玑[1]悬斡[2], 晦魄[3]环照[4]。

注释

[1] 璇玑：古代称北斗星的第一星至第四星。

[2] 斡：旋转。

[3] 晦魄：夜月。

[4] 环照：指月亮升降的整个过程。

新读

高悬的北斗随着四季变换转动，明晦的月光洒遍人间每个角落。璇、玑是北斗七星中的两颗星，即天璇和天玑。北斗星是现代天文学所称的大熊星座，其中的第二颗为天璇星，第三颗为天玑星，此处用璇玑来代表北斗七星。悬是悬挂、悬吊起来的意思。斡是旋转、斡旋。高悬的北斗七星不断地转动着斗柄，就是"璇玑悬斡"。

古代人很重视北斗，因为人们可以利用它来辨方向或定季节。北斗是由天枢、天璇、天玑、天权、玉衡、开阳、摇光七星组成的。

古代人把这七星联系起来，想象成为古代舀酒的斗形。天枢、天璇、天玑、天权组成为斗身，古曰魁；玉衡、开阳、摇光组成为斗柄，古曰杓。

北斗星在不同的季节和夜晚不同的时间，出现于天空不同的方位。所以古人就根据初昏时斗柄所指的方向来决定季节：斗柄指东，天下皆春；斗柄指南，天下皆夏；斗柄指西，天下皆秋；斗柄指北，天下皆冬。

诗句

北斗随着四季转，夜月升降如环照。

故事

北斗星与季节星象

北斗星之所以著名，不仅因为它是北极附近最明亮的星座，更重要的是它是上古定季节的三大辰之一，所以北斗又称为北辰。

相传夏代的《夏小正》记载：正月斗柄悬在下，六月初昏斗柄正在上。由此可知早在夏代时就用北斗星的指向确定正月和六月。相传作于战国时代的《鹖冠子·环流》记载："斗柄东指，天下皆春；斗柄南指，天下皆夏；斗柄西指，天下皆秋；斗柄北指，天下皆冬。"可见战国时，人们就已经利用北斗星指向东南西北的方位，来确定春夏秋冬了。

西汉初年的《淮南子·天文训》记载："帝张四维，运之以斗，月徙一辰，复反其所。正月指寅，十二月指丑，一岁而匝，终而复始。"可见西汉初年已经将北斗定季节的方法，发展到以斗柄指向寅卯等十二方位，确定正月、二月等十二个月了。

西汉中期的《史记·天官书》则记载："斗为帝车，运于中央，临制四乡。分阴阳，建四时，均五行，移节度，定诸纪，皆系于斗。"说天帝坐在由北斗组成的马车上巡行四方，行一周就是一年，并由此区分出一年中的阴阳两个半年，分判出四季和五个时节，节气和太阳的行度也由此可以确定。

由此可知，人们利用观测北斗星的方位，对于确定农时历法有着十分重要的意义。这便是为什么古人那么重视北斗星的原因了。

指薪修祜

指薪①修祜②，永绥③吉劭④。

注释

① 指薪：《庄子·养生主》："指穷于为薪，火传也，不知其尽也。"意思是用木柴烧火，木柴有穷尽的时候，而火往下传，却不会灭。比喻人的肉体会死亡，而人类的生命是延续无穷的。

② 祜：福，大福。

③ 绥：平安，安抚。

④ 劭：劝勉，美好，多指道德品质。

新读

行善积德才能像薪尽火传那样精神长存，子孙安康全靠你留下吉祥的忠告。"指薪修祜"出自《庄子·养生主》："指穷于为薪，火传也，不知其尽也。"指是脂字的通假，油脂燃烧的时间，比柴草要长得多，所以古代点油灯多用膏，也就是动物脂肪。

《楚辞·招魂》上说："兰膏明烛"，兰膏是加了兰香炼的膏，燃烧起来有香味。庄子说："烛薪的燃烧是有穷尽的，火却可以一直传下去没有穷尽。"譬喻人的肉体会死亡而人类的生命现象是延续无穷的。

诗句

一生行善多积德，精神永存薪火烧。
高尚品德忠言告，子孙安康有依靠。

朱棣宽容待旧臣

明朝的时候，朱元璋的儿子朱棣打败了继承皇位的侄子，做了皇帝。他刚刚推翻建文帝进入南京时，缴获了好几千份大臣的奏章。朱棣下令要曾经是建文帝朝廷的大臣仔细翻阅这批奏章，凡是只涉及自己的，全部烧毁，不必送给他看。

过了一段时间，朱棣与这些大臣闲谈，顺嘴问了一句："被烧毁的奏章里，恐怕也有你们写的吧？"几位大臣乍一听这问话，一时不知怎样对答。一位叫李贯的大臣抢先说："尊敬的陛下，在被烧毁的奏章中，没有我的。"

朱棣看了李贯一眼，并没露出丝毫的赞赏，而是说："你吃着建文帝给你的皇粮，在他危难之际，却不帮他想办法，这说得过去吗？因此，我对忠于建文帝的大臣并不反感，你们中间有人过去忠于建文帝，替他排忧解难，那是应该的，现在我作为皇帝，你们就应该忠实于我。不必为过去忠于建文帝感到不安，更不必在这事上说假话。"

群臣听了，都觉得他是个明理大度的皇帝。

矩步引领

矩步引领，俯仰廊庙。
束带矜[1]庄，徘徊瞻眺。

注释

[1] 矜：自夸、自恃。《礼记·表记》"不矜而庄。"

新读

走路稳重，仪表端庄，要像在祖庙里祭祀行礼那样庄严肃穆。如此无愧人生，尽可以整束衣冠，庄重从容地高瞻远望。

矩步指的是迈着方步，引领指的是伸着脖子。矩者方也，引者领也。走起路来，伸脖子迈方步。古汉语的"矩步引领"就是现代汉语的昂首阔步，代表了一个人心胸坦荡无欺，行为正大光明。

领的本义就指脖子，是后脖子，脖子的前半部分叫做颈。颈部的左侧是气管，前部是喉管，右侧是颈总动脉。古人性情刚烈，"引颈自刎"是常有的事。但手持宝剑，转圈到脖子后面，"引颈自刎"的事还没听说过，也死不了人。

诗句

心地坦荡头高昂，如同祭祀礼仪庄；
无愧人生衣冠整，高瞻远瞩我自强。

故事

朱晖不负知己

东汉时，有位贤士叫朱晖，河南南阳人。他幼年时就失去了父母，舅父收养了他。朱晖在太学读书时，以人品高尚，团结友爱，受到同学们的敬重。

朱晖有个同学叫张堪，在一起读书时很敬重朱晖的人品。后来，张堪突然得了不治之症，自知不能治愈。

一天，张堪见到朱晖，便握着朱晖的手，很伤感地说："我得了绝症，恐难久于人世，我死之后，希望你能帮助照顾我的妻子儿女。"

朱晖安慰他，要他好好养病。但没有明确表示答应。不久，张堪去世，朱晖为他料理丧事，并亲自去他家看望，见他家生活贫困，便每年派人给他妻子送去谷五十斛，布五匹。

朱晖的儿子朱颉对他父亲的行为不大理解，朱晖说："张堪生前把我当做知己，托我照顾他家，我就应该像知己一样照顾他的家人。"

孤陋寡闻

孤陋寡闻，愚蒙等诮[1]。
谓语助者，焉哉乎也[2]。

注释

[1] 诮：讥讽、嘲讽。
[2] 焉哉乎也：焉、哉、乎、也是几个常用语气助词，没有特别含义。

新读

对这些道理孤陋寡闻就不会明白，只能和愚昧无知的人一样空活一世，让人耻笑。编完《千字文》以后，鸟发皆白，最后剩下"焉、哉、乎、也"这几个语气助词。焉作语气助词时，表示结构，用于前置的宾语之后，相当于之、是。

哉作文言语气助词，表疑问或反诘，相当于吗和呢；表感叹，相当于啊。

乎表示疑问语气，相当于吗和呢；表示反问语气，相当于吗和呢。用在句中或句末，表示肯定和感叹的语气；用在句末，表示反诘语气；用在句末，表示祈使语气。

也用在句末，表示判断语气或表示陈述或解释语气；用在句中，表示语气停顿；用在句末，表示疑问语气。

诗句

鄙人深知学识浅，见闻不广难美言；
愚昧无知心愧惭，圣上责备难求全；
若知我有何学问，不过也哉之乎焉。

故事

周兴嗣编写《千字文》

《千字文》可以说是千余年来最畅销、读者最广泛的读物之一。明清以后,《三字经》《百家姓》《千字文》是几乎家诵人习的所谓"三百千"。过去有打油诗讲私塾:"学童三五并排坐,天地玄黄喊一年",正是真实写照。

相传,梁武帝一生军务繁忙,他很希望自己的后代能在太平时期多读些书。但当时还没有一本适合孩子的读物。

起初,他令一位名叫殷铁石的文学侍从,从晋代大书法家王羲之的手迹中拓下一千个各不相干的字,每纸一字,然后一字一字地教学,但杂乱难记。梁武帝寻思,若是将这一千字编撰成一篇文章,岂不妙哉。于是,他召来自己最信赖的文学侍从——员外散骑侍郎周兴嗣,讲了自己的想法说"卿家才思敏捷,请为朕将这一千字编撰成一篇通俗易懂的启蒙读物。"

周兴嗣接受任务回到家后,他苦思冥想了一整夜,方文思如泉涌,他乐不可支,边吟边书,终将这一千字联串成一篇内涵丰富的四言韵书。

梁武帝读后,拍案叫绝。即令送去刻印,刊之于世。这就是流传至今已1400多年的《千字文》。

周兴嗣因出色地编撰了《千字文》深得梁武帝的赞赏,将他提拔去佐撰国史。不过,据说周兴嗣因一夜成书,用脑过度,第二天,鬓发皆白。

图书在版编目（CIP）数据

千字文新读 / 胡元斌, 郭艳红编著.—北京：中国书籍出版社，2013.8
（新课标国学美绘新读）
ISBN 978-7-5068-3611-1

Ⅰ.①千… Ⅱ.①胡… ②郭… Ⅲ.①古汉语－启蒙读物 Ⅳ.①H194.1

中国版本图书馆CIP数据核字(2013)第157361号

千字文新读

胡元斌　郭艳红　编著

策划编辑	武　斌　崔付建
责任编辑	武　斌
责任印制	孙马飞　张智勇
封面设计	大华文苑
出版发行	中国书籍出版社
地　　址	北京市丰台区三路居路97号（邮编：100073）
电　　话	（010）52257143（总编室）　　（010）52257153（发行部）
电子邮箱	chinabp@vip.sina.com
经　　销	全国新华书店
印　　刷	北京欣睿虹彩印刷有限公司
开　　本	710毫米×1000毫米　1/16
字　　数	190千字
印　　张	10.5
版　　次	2013年10月第1版　2013年10月第1次印刷
书　　号	ISBN 978-7-5068-3611-1
定　　价	29.80元

版权所有　翻印必究